눈으로 읽고 마음으로 옮겨쓰는

일반서신•요한 계시록

the general epistles / the Revelation

시작한 날 : 년 월 일

끝마친 날 : 년 월 일

❖ 왼쪽면을 따라쓰실 때 반을 접어서 쓰시면 필사하기가 편합니다.

눈으로 읽고 마음으로 옮겨쓰는

일반서신 / 요한계시록

초 판 2쇄 : 2025년 11월 10일
발 행 인 : 황경자
발 행 처 : 도서출판 두돌비
등록번호 : 2006. 8. 17 제 2006-12호
주 소 : 서울시 중랑구 동일로 107길 12
전 화 : (02) 964-6993 | 팩스 : (02) 2208-0153
E-mail : books153@hanmail.net

ISBN 978-89-85583-79-4
* 파본은 교환해 드립니다.

하나님의 말씀을 따라쓰게 되면,

1 하나님의 말씀이 나의 심령에 생명의 소리로 들려온다.

2 자신이 얼마나 하나님께 등을 지고 살아왔는가를 깨달아 회개하게 된다.

3 자기를 부인하고, 자아를 거절하며 성령님의 인도하심에 자신을 맡기게 된다.

4 자신의 생각으로 대하던 말씀이 성령의 감동을 통해 부어주는 것을 경험한다.

5 나의 심령에서 말씀이 즐거워지고, 달게 느껴지며, 성령님의 인도를 바라게 된다.

6 하나님의 말씀으로 자신의 마음과 생각, 말씨가 바뀌고, 인격이 다듬어지게 된다.

"하나님의 말씀은 살아 있고 활력이 있어 좌우에 날 선 어떤 검보다도 예리하여 혼과 영과 및 관절과 골수를 찔러 쪼개기까지 하며 또 마음의 생각과 뜻을 판단하나니" (히 4:12)

◈ 야고보서

예수님의 형제로 성령 체험 후 베드로와 함께 예루살렘 교회의 지도자가 되었고 (행 15:13) 로마제국의 핍박 속에 흩어져 있는 그리스도인들에게 재림을 소망하며 믿음으로 구원받은 그리스도인들이 살아있는 믿음은 행함에 있음을 강조하며 믿음과 행함이 일치되어야 바른 신앙임을 권면하고 있다.

기록 장소 : 로마 옥중

◈ 베드로전서

베드로의 첫 번째 편지로 A.D 68년 경에 기록된 것으로 추정되며, 로마 제국의 박해 앞에 고난 중에 있는 성도들을 위로하기 위하여 쓰여진 서신이다. 격려의 편지, 소망의 편지로 불리운다. 선을 행함으로 고난을 받는 것이 하나님의 뜻임을 말하고 있으며 산 소망이 되신 예수 그리스도를 바라보며 믿음을 지킬 것을 강조하고 있다.

기록 장소 : 로마

◈ 베드로후서

베드로의 두 번째 편지로 순교의 죽음 앞에서 유언과 같은 편지로, 거짓 선지자들로 인해 미혹당하지 않도록 권면하며, 복음의 진리 안에서 재림의 소망을 바라보며 굳건한 믿음 위에 서 있을 것을 권면하고 있다.

기록 장소 : 로마

◈ 요한1서

A.D 90~95년 경 요한이 기록한 서신으로 겉으로는 도미티안 황제의 극심한 박해와 안으로는 교회 안에 나타난 거짓 교사들(2:18~19)의 위협과 미혹으로부터 성도들을 보호하기 위한 목적으로 기록된 서신이다.

기록 장소 : 에베소

◈ 요한2서

요한일서와 거의 같은 시기에 기록되었으며 요일서의 기록 직후 기록된 것으로 추정한다. 성육신을 부인하고 도덕적 방종 등의 이단 사상을 경계함과 동시에 복음에 대한 올바른 신앙관을 적립하며 실천적 사랑을 강조하기 위해서 기록된 서신이다.

기록 장소 : 에베소

◈ 요한3서

요한일,이서와 거의 같은 시기에 기록되었으며 가이오에게 보낸 개인적인 서신으로 진리를 행하는 자와 진리를 배척하는 자를 대조시키면서 진리를 삶 속에서 실천한 것을 말하고 있다.

기록 장소 : 에베소

◈ 유다서

예수님의 동생인 유다로 A.D 70~80년 경 쓰여진 것으로 추정하며 이원론, 영지주의, 도덕 폐기론자들 등 이단들의 미혹에 빠지지 말고 믿음의 도를 굳게 지키며 혹여 믿음이 연약하여 미혹에 빠진 자들이 다시 돌아올 수 있도록 권면하기 위하여 기록된 서신이다.

기록 장소 : 소 아시아

◈ 요한계시록

예수님의 제자이며 요한복음과 요한 1,2,3서를 기록한 사람으로 A.D 95~96년경 도미티안 황제 때 밧모섬에 유배되어 핍박과 환난 중에 있는 성도들에게 속히 될 일을 알리고 어려운 가운데에도 소망 중에 승리의 삶을 살 수 있도록 직접 본 환상과 들은 말씀과 예언을 소아시아의 일곱 교회에 보낸 편지이다.

기록 장소 : 로마 옥중

야고보서
(1-5장)

인사

1 1 하나님과 주 예수 그리스도의
종 야고보는 흩어져 있는 열두
지파에게 문안하노라

믿음과 지혜

2 ○ 내 형제들아 너희가 여러 가지
시험을 당하거든 온전히 기쁘게
여기라
3 이는 너희 믿음의 시련이 인내를
만들어 내는 줄 너희가 앎이라
4 인내를 온전히 이루라 이는 너희
로 온전하고 구비하여 조금도 부
족함이 없게 하려 함이라
5 ○ 너희 중에 누구든지 지혜가 부
족하거든 모든 사람에게 후히 주
시고 꾸짖지 아니하시는 하나님
께 구하라 그리하면 주시리라
6 오직 믿음으로 구하고 조금도 의
심하지 말라 의심하는 자는 마치
바람에 밀려 요동하는 바다 물결
같으니
7 이런 사람은 무엇이든지 주께 얻
기를 생각하지 말라
8 두 마음을 품어 모든 일에 정함이

없는 자로다

낮은 형제, 부한 자

9 ○ 낮은 형제는 자기의 높음을 자
랑하고

10 부한 자는 자기의 낮아짐을 자랑
할지니 이는 그가 풀의 꽃과 같이
지나감이라

11 해가 돋고 뜨거운 바람이 불어 풀
을 말리면 꽃이 떨어져 그 모양의
아름다움이 없어지나니 부한 자
도 그 행하는 일에 이와 같이 쇠
잔하리라

시험에 견디어 낸 자

12 ○ 시험을 참는 자는 복이 있나니
이는 시련을 견디어 낸 자가 주께
서 자기를 사랑하는 자들에게 약
속하신 생명의 면류관을 얻을 것
이기 때문이라

13 사람이 시험을 받을 때에 내가 하
나님께 시험을 받는다 하지 말지
니 하나님은 악에게 시험을 받지
도 아니하시고 친히 아무도 시험
하지 아니하시느니라

14 오직 각 사람이 시험을 받는 것은
자기 욕심에 끌려 미혹됨이니

15 욕심이 잉태한즉 죄를 낳고 죄가
장성한즉 사망을 낳느니라

9】

10】

11】

12】

13】

14】

15】

16 내 사랑하는 형제들아 속지 말라
17 온갖 좋은 은사와 온전한 선물이
다 위로부터 빛들의 아버지께로
부터 내려오나니 그는 변함도 없
으시고 회전하는 그림자도 없으
시니라
18 그가 그 피조물 중에 우리로 한 첫
열매가 되게 하시려고 자기의 뜻
을 따라 진리의 말씀으로 우리를
낳으셨느니라

말씀을 들음과 행함

19 ○ 내 사랑하는 형제들아 너희가
알지니 사람마다 듣기는 속히 하고
말하기는 더디 하며 성내기도 더디
하라
20 사람이 성내는 것이 하나님의 의
를 이루지 못함이라
21 그러므로 모든 더러운 것과 넘치
는 악을 내버리고 너희 영혼을 능
히 구원할 바 마음에 심어진 말씀
을 온유함으로 받으라
22 너희는 말씀을 행하는 자가 되고
듣기만 하여 자신을 속이는 자가
되지 말라
23 누구든지 말씀을 듣고 행하지 아
니하면 그는 거울로 자기의 생긴
얼굴을 보는 사람과 같아서

16】
17】
18】
19】
20】
21】
22】
23】

년 월 일

24 제 자신을 보고 가서 그 모습이 어
떠했는지를 곧 잊어버리거니와
25 자유롭게 하는 온전한 율법을 들
여다보고 있는 자는 듣고 잊어버
리는 자가 아니요 실천하는 자니
이 사람은 그 행하는 일에 복을 받
으리라
26 누구든지 스스로 경건하다 생각
하며 자기 혀를 재갈 물리지 아니
하고 자기 마음을 속이면 이 사람
의 경건은 헛것이라
27 하나님 아버지 앞에서 정결하고
더러움이 없는 경건은 곧 고아와
과부를 그 환난중에 돌보고 또 자
기를 지켜 세속에 물들지 아니하
는 그것이니라

차별하여 대하지 말라

2 1 내 형제들아 영광의 주 곧 우
리 주 예수 그리스도에 대한 믿
음을 너희가 가졌으니 사람을 차
별하여 대하지 말라
2 만일 너희 회당에 금 가락지를 끼
고 아름다운 옷을 입은 사람이 들
어오고 또 남루한 옷을 입은 가난
한 사람이 들어올 때에
3 너희가 아름다운 옷을 입은 자를

눈여겨 보고 말하되 여기 좋은 자
리에 앉으소서 하고 또 가난한 자
에게 말하되 너는 거기 서 있든지
내 발등상 아래에 앉으라 하면
4 너희끼리 서로 차별하며 악한 생
각으로 판단하는 자가 되는 것이
아니냐
5 내 사랑하는 형제들아 들을지어
다 하나님이 세상에서 가난한 자
를 택하사 믿음에 부요하게 하시
고 또 자기를 사랑하는 자들에게
약속하신 나라를 상속으로 받게
하지 아니하셨느냐
6 너희는 도리어 가난한 자를 업신
여겼도다 부자는 너희를 억압하며
법정으로 끌고 가지 아니하느냐
7 그들은 너희에게 대하여 일컫는
바 그 아름다운 이름을 비방하지
아니하느냐
8 너희가 만일 성경에 기록된 대로
네 이웃 사랑하기를 네 몸과 같이
하라 하신 최고의 법을 지키면 잘
하는 것이거니와
9 만일 너희가 사람을 차별하여 대
하면 죄를 짓는 것이니 율법이 너
희를 범법자로 정죄하리라
10 누구든지 온 율법을 지키다가 그

4】

5】

6】

7】

8】

9】

10】

하나를 범하면 모두 범한 자가 되
나니
11 간음하지 말라 하신 이가 또한 살
인하지 말라 하셨은즉 네가 비록
간음하지 아니하여도 살인하면
율법을 범한 자가 되느니라
12 너희는 자유의 율법대로 심판 받을
자처럼 말도 하고 행하기도 하라
13 긍휼을 행하지 아니하는 자에게는
긍휼 없는 심판이 있으리라 긍휼
은 심판을 이기고 자랑하느니라

행함이 없는 믿음은 죽는 것

14 ○ 내 형제들아 만일 사람이 믿음
이 있노라 하고 행함이 없으면 무
슨 유익이 있으리요 그 믿음이 능
히 자기를 구원하겠느냐
15 만일 형제나 자매가 헐벗고 일용
할 양식이 없는데
16 너희 중에 누구든지 그에게 이르
되 평안히 가라, 덥게 하라, 배부르
게 하라 하며 그 몸에 쓸 것을 주지
아니하면 무슨 유익이 있으리요
17 이와 같이 행함이 없는 믿음은 그
자체가 죽은 것이라
18 어떤 사람은 말하기를 너는 믿음
이 있고 나는 행함이 있으니 행함
이 없는 네 믿음을 내게 보이라 나

11】

12】

13】

14】

15】

16】

17】

18】

는 행함으로 내 믿음을 네게 보이
리라 하리라
19 네가 하나님은 한 분이신 줄을 믿
느냐 잘하는도다 귀신들도 믿고
떠느니라
20 아아 허탄한 사람아 행함이 없는 믿
음이 헛것인 줄을 알고자 하느냐
21 우리 조상 아브라함이 그 아들 이
삭을 제단에 바칠 때에 행함으로
의롭다 하심을 받은 것이 아니냐
22 네가 보거니와 믿음이 그의 행함
과 함께 일하고 행함으로 믿음이
온전하게 되었느니라
23 이에 성경에 이른 바 아브라함이
하나님을 믿으니 이것을 의로 여
기셨다는 말씀이 이루어졌고 그
는 하나님의 벗이라 칭함을 받았
나니
24 이로 보건대 사람이 행함으로 의
롭다 하심을 받고 믿음으로만은
아니니라
25 또 이와 같이 기생 라합이 사자들
을 접대하여 다른 길로 나가게 할
때에 행함으로 의롭다 하심을 받
은 것이 아니냐
26 영혼 없는 몸이 죽은 것 같이 행함
이 없는 믿음은 죽은 것이니라

19】
20】
21】
22】
23】
24】
25】
26】

말에 실수가 없도록 하라

3 1 내 형제들아 너희는 선생된 우
리가 더 큰 심판을 받을 줄 알
고 선생이 많이 되지 말라
2 우리가 다 실수가 많으니 만일 말
에 실수가 없는 자라면 곧 온전한
사람이라 능히 온 몸도 굴레 씌우
리라
3 우리가 말들의 입에 재갈 물리는
것은 우리에게 순종하게 하려고
그 온 몸을 제어하는 것이라
4 또 배를 보라 그렇게 크고 광풍에
밀려가는 것들을 지극히 작은 키
로써 사공의 뜻대로 운행하나니
5 이와 같이 혀도 작은 지체로되 큰
것을 자랑하도다 보라 얼마나 작
은 불이 얼마나 많은 나무를 태우
는가
6 혀는 곧 불이요 불의의 세계라 혀
는 우리 지체 중에서 온 몸을 더
럽히고 삶의 수레바퀴를 불사르
나니 그 사르는 것이 지옥 불에서
나느니라
7 여러 종류의 짐승과 새와 벌레와
바다의 생물은 다 사람이 길들일
수 있고 길들여 왔거니와
8 혀는 능히 길들일 사람이 없나니

1】

2】

3】

4】

5】

6】

7】

8】

쉬지 아니하는 악이요 죽이는 독
이 가득한 것이라
9 이것으로 우리가 주 아버지를 찬
송하고 또 이것으로 하나님의 형
상대로 지음을 받은 사람을 저주
하나니
10 한 입에서 찬송과 저주가 나오는
도다 내 형제들아 이것이 마땅하
지 아니하니라
11 샘이 한 구멍으로 어찌 단 물과 쓴
물을 내겠느냐
12 내 형제들아 어찌 무화과나무가
감람 열매를, 포도나무가 무화과
를 맺겠느냐 이와 같이 짠 물이 단
물을 내지 못하느니라

위로부터 난 지혜

13 ○ 너희 중에 지혜와 총명이 있는
자가 누구냐 그는 선행으로 말미
암아 지혜의 온유함으로 그 행함
을 보일지니라
14 그러나 너희 마음 속에 독한 시기
와 다툼이 있으면 자랑하지 말라
진리를 거슬러 거짓말하지 말라
15 이러한 지혜는 위로부터 내려온
것이 아니요 땅 위의 것이요 정욕
의 것이요 귀신의 것이니
16 시기와 다툼이 있는 곳에는 혼란

9】

10】

11】

12】

13】

14】

15】

16】

과 모든 악한 일이 있음이라
17 오직 위로부터 난 지혜는 첫째 성
결하고 다음에 화평하고 관용하
고 양순하며 긍휼과 선한 열매가
가득하고 편견과 거짓이 없나니
18 화평하게 하는 자들은 화평으로
심어 의의 열매를 거두느니라

17】

18】

세상과 벗하지 말라

4 1 너희 중에 싸움이 어디로부터
다툼이 어디로부터 나느냐 너
희지체 중에서 싸우는 정욕으로
부터 나는 것이 아니냐
2 너희는 욕심을 내어도 얻지 못하
여 살인하며 시기하여도 능히 취
하지 못하므로 다투고 싸우는도
다 너희가 얻지 못함은 구하지 아
니하기 때문이요
3 구하여도 받지 못함은 정욕으로
쓰려고 잘못 구하기 때문이라
4 간음한 여인들아 세상과 벗된 것
이 하나님과 원수 됨을 알지 못하
느냐 그런즉 누구든지 세상과 벗
이 되고자 하는 자는 스스로 하나
님과 원수 되는 것이니라
5 너희는 하나님이 우리 속에 거하
게 하신 성령이 시기하기까지 사

1】

2】

3】

4】

5】

모한다 하신 말씀을 헛된 줄로 생
각하느냐
6 그러나 더욱 큰 은혜를 주시나니
그러므로 일렀으되 하나님이 교
만한 자를 물리치시고 겸손한 자
에게 은혜를 주신다 하였느니라
7 그런즉 너희는 하나님께 복종할
지어다 마귀를 대적하라 그리하
면 너희를 피하리라
8 하나님을 가까이하라 그리하면
너희를 가까이하시리라 죄인들아
손을 깨끗이 하라 두 마음을 품은
자들아 마음을 성결하게 하라
9 슬퍼하며 애통하며 울지어다 너
희 웃음을 애통으로, 너희 즐거움
을 근심으로 바꿀지어다
10 주 앞에서 낮추라 그리하면 주께
서 너희를 높이시리라

서로 비방하지 말라

11 ○ 형제들아 서로 비방하지 말라
형제를 비방하는 자나 형제를 판
단하는 자는 곧 율법을 비방하고
율법을 판단하는 것이라 네가 만
일 율법을 판단하면 율법의 준행
자가 아니요 재판관이로다
12 입법자와 재판관은 오직 한 분이
시니 능히 구원하기도 하시며 멸

6】

7】

8】

9】

10】

11】

12】

하기도 하시느니라 너는 누구이
기에 이웃을 판단하느냐

허탄한 생각을 경고하다

13 ○ 들으라 너희 중에 말하기를 오
늘이나 내일이나 우리가 어떤 도
시에 가서 거기서 일 년을 머물며
장사하여 이익을 보리라 하는 자
들아
14 내일 일을 너희가 알지 못하는도
다 너희 생명이 무엇이냐 너희는
잠깐 보이다가 없어지는 안개니라
15 너희가 도리어 말하기를 주의 뜻
이면 우리가 살기도 하고 이것이
나 저것을 하리라 할 것이거늘
16 이제도 너희가 허탄한 자랑을 하
니 그러한 자랑은 다 악한 것이라
17 그러므로 사람이 선을 행할 줄 알
고도 행하지 아니하면 죄니라

13】

14】

15】

16】

17】

부한 자에게 주는 경고

5 1 들으라 부한 자들아 너희에게
임할 고생으로 말미암아 울고
통곡하라
2 너희 재물은 썩었고 너희 옷은 좀
먹었으며
3 너희 금과 은은 녹이 슬었으니 이
녹이 너희에게 증거가 되며 불 같

1】

2】

3】

이 너희 살을 먹으리라 너희가 말
세에 재물을 쌓았도다
4 보라 너희 밭에서 추수한 품꾼에
게 주지 아니한 삯이 소리 지르며
그 추수한 자의 우는 소리가 만군
의 주의 귀에 들렸느니라
5 너희가 땅에서 사치하고 방종하
여 살륙의 날에 너희 마음을 살찌
게 하였도다
6 너희는 의인을 정죄하고 죽였으
나 그는 너희에게 대항하지 아니
하였느니라

인내와 기도

7 ○ 그러므로 형제들아 주께서 강
림하시기까지 길이 참으라 보라
농부가 땅에서 나는 귀한 열매를
바라고 길이 참아 이른 비와 늦은
비를 기다리나니
8 너희도 길이 참고 마음을 굳건하
게 하라 주의 강림이 가까우니라
9 형제들아 서로 원망하지 말라 그
리하여야 심판을 면하리라 보라
심판주가 문 밖에 서 계시니라
10 형제들아 주의 이름으로 말한 선
지자들을 고난과 오래 참음의 본
으로 삼으라
11 보라 인내하는 자를 우리가 복되

4】

5】

6】

7】

8】

9】

10】

11】

년 월 일

다 하나니 너희가 욥의 인내를 들
었고 주께서 주신 결말을 보았거
니와 주는 가장 자비하시고 긍휼
히 여기시는 이시니라
12 ○ 내 형제들아 무엇보다도 맹세
하지 말지니 하늘로나 땅으로나
아무 다른 것으로도 맹세하지 말
고 오직 너희가 그렇다고 생각하
는 것은 그렇다 하고 아니라고 생
각하는 것은 아니라 하여 정죄 받
음을 면하라
13 ○ 너희 중에 고난 당하는 자가 있
느냐 그는 기도할 것이요 즐거워하
는 자가 있느냐 그는 찬송할지니라
14 너희 중에 병든 자가 있느냐 그는
교회의 장로들을 청할 것이요 그
들은 주의 이름으로 기름을 바르
며 그를 위하여 기도할지니라
15 믿음의 기도는 병든 자를 구원하리
니 주께서 그를 일으키시리라 혹시
죄를 범하였을지라도 사하심을 받
으리라
16 그러므로 너희 죄를 서로 고백하
며 병이 낫기를 위하여 서로 기도
하라 의인의 간구는 역사하는 힘
이 큼이니라
17 엘리야는 우리와 성정이 같은 사

12】

13】

14】

15】

16】

17】

람이로되 그가 비가 오지 않기를
간절히 기도한즉 삼 년 육 개월 동
안 땅에 비가 오지 아니하고
18 다시 기도하니 하늘이 비를 주고
땅이 열매를 맺었느니라
19 ○ 내 형제들아 너희 중에 미혹되
어 진리를 떠난 자를 누가 돌아서
게 하면
20 너희가 알 것은 죄인을 미혹된 길
에서 돌아서게 하는 자가 그의 영
혼을 사망에서 구원할 것이며 허
다한 죄를 덮을 것임이라

18】

19】

20】

베드로전서
(1-5장)

인사

1 1 예수 그리스도의 사도 베드로
는 본도, 갈라디아, 갑바도기아,
아시아와 비두니아에 흩어진 나
그네
2 곧 하나님 아버지의 미리 아심을
따라 성령이 거룩하게 하심으로
순종함과 예수 그리스도의 피 뿌
림을 얻기 위하여 택하심을 받은
자들에게 편지하노니 은혜와 평
강이 너희에게 더욱 많을지어다

1】

2】

산 소망
3 ○ 우리 주 예수 그리스도의 아버
지 하나님을 찬송하리로다 그의
많으신 긍휼대로 예수 그리스도
를 죽은 자 가운데서 부활하게 하
심으로 말미암아 우리를 거듭나
게 하사 산 소망이 있게 하시며
4 썩지 않고 더럽지 않고 쇠하지 아
니하는 유업을 잇게 하시나니 곧
너희를 위하여 하늘에 간직하신
것이라
5 너희는 말세에 나타내기로 예비
하신 구원을 얻기 위하여 믿음으
로 말미암아 하나님의 능력으로
보호하심을 받았느니라
6 그러므로 너희가 이제 여러 가지
시험으로 말미암아 잠깐 근심하
게 되지 않을 수 없으나 오히려
크게 기뻐하는도다
7 너희 믿음의 확실함은 불로 연단
하여도 없어질 금보다 더 귀하여
예수 그리스도께서 나타나실 때
에 칭찬과 영광과 존귀를 얻게 할
것이니라
8 예수를 너희가 보지 못하였으나
사랑하는도다 이제도 보지 못하
나 믿고 말할 수 없는 영광스러운

3】

4】

5】

6】

7】

8】

년 월 일

즐거움으로 기뻐하니
9 믿음의 결국 곧 영혼의 구원을 받
음이라
10 이 구원에 대하여는 너희에게 임
할 은혜를 예언하던 선지자들이
연구하고 부지런히 살펴서
11 자기 속에 계신 그리스도의 영이 그
받으실 고난과 후에 받으실 영광을
미리 증언하여 누구를 또는 어떠한
때를 지시하시는지 상고하니라
12 이 섬긴 바가 자기를 위한 것이
아니요 너희를 위한 것임이 계시
로 알게 되었으니 이것은 하늘로
부터 보내신 성령을 힘입어 복음
을 전하는 자들로 이제 너희에게
알린 것이요 천사들도 살펴 보기
를 원하는 것이니라

모든 행실에 거룩한 자가 되라

13 ○ 그러므로 너희 마음의 허리를
동이고 근신하여 예수 그리스도께
서 나타나실 때에 너희에게 가져다
주실 은혜를 온전히 바랄지어다
14 너희가 순종하는 자식처럼 전에
알지 못할 때에 따르던 너희 사욕
을 본받지 말고
15 오직 너희를 부르신 거룩한 이처
럼 너희도 모든 행실에 거룩한 자

9】

10】

11】

12】

13】

14】

15】

가 되라
16 기록되었으되 내가 거룩하니 너
희도 거룩할지어다 하셨느니라
17 외모로 보시지 않고 각 사람의 행
위대로 심판하시는 이를 너희가
아버지라 부른즉 너희가 나그네
로 있을 때를 두려움으로 지내라
18 너희가 알거니와 너희 조상이 물
려 준 헛된 행실에서 대속함을 받
은 것은 은이나 금 같이 없어질 것
으로 된 것이 아니요
19 오직 흠 없고 점 없는 어린 양 같
은 그리스도의 보배로운 피로 된
것이니라
20 그는 창세 전부터 미리 알린 바 되
신 이나 이 말세에 너희를 위하여
나타내신 바 되었으니
21 너희는 그를 죽은 자 가운데서 살
리시고 영광을 주신 하나님을 그
리스도로 말미암아 믿는 자니 너
희 믿음과 소망이 하나님께 있게
하셨느니라
22 너희가 진리를 순종함으로 너희
영혼을 깨끗하게 하여 거짓이 없
이 형제를 사랑하기에 이르렀으니
마음으로 뜨겁게 서로 사랑하라
23 너희가 거듭난 것은 썩어질 씨로

16】
17】
18】
19】
20】
21】
22】
23】

된 것이 아니요 썩지 아니할 씨로
된 것이니 살아 있고 항상 있는 하
나님의 말씀으로 되었느니라
24 그러므로 모든 육체는 풀과 같고
그 모든 영광은 풀의 꽃과 같으니
풀은 마르고 꽃은 떨어지되
25 오직 주의 말씀은 세세토록 있도
다 하였으니 너희에게 전한 복음
이 곧 이 말씀이니라

24】

25】

산 돌과 하나님의 백성

2

1 그러므로 모든 악독과 모든 기
만과 외식과 시기와 모든 비방
하는 말을 버리고
2 갓난 아기들 같이 순전하고 신령
한 젖을 사모하라 이는 그로 말미
암아 너희로 구원에 이르도록 자
라게 하려 함이라
3 너희가 주의 인자하심을 맛보았
으면 그리하라
4 사람에게는 버린 바가 되었으나
하나님께는 택하심을 입은 보배
로운 산 돌이신 예수께 나아가
5 너희도 산 돌 같이 신령한 집으로
세워지고 예수 그리스도로 말미
암아 하나님이 기쁘게 받으실 신
령한 제사를 드릴 거룩한 제사장

1】

2】

3】

4】

5】

이 될지니라
6 성경에 기록되었으되 보라 내가
택한 보배로운 모퉁잇돌을 시온에
두노니 그를 믿는 자는 부끄러움
을 당하지 아니하리라 하였으니
7 그러므로 믿는 너희에게는 보배
이나 믿지 아니하는 자에게는 건
축자들이 버린 그 돌이 모퉁이의
머릿돌이 되고
8 또한 부딪치는 돌과 걸려 넘어지
게 하는 바위가 되었다 하였느니
라 그들이 말씀을 순종하지 아니
하므로 넘어지나니 이는 그들을
이렇게 정하신 것이라
9 그러나 너희는 택하신 족속이요
왕 같은 제사장들이요 거룩한 나
라요 그의 소유가 된 백성이니 이
는 너희를 어두운 데서 불러 내어
그의 기이한 빛에 들어가게 하신
이의 아름다운 덕을 선포하게 하
려 하심이라
10 너희가 전에는 백성이 아니더니
이제는 하나님의 백성이요 전에
는 긍휼을 얻지 못하였더니 이제
는 긍휼을 얻은 자니라

하나님의 종과 같이 하라

11 ○ 사랑하는 자들아 거류민과 나

6】

7】

8】

9】

10】

11】

그네 같은 너희를 권하노니 영혼
을 거슬러 싸우는 육체의 정욕을
제어하라
12 너희가 이방인 중에서 행실을 선
하게 가져 너희를 악행한다고 비
방하는 자들로 하여금 너희 선한
일을 보고 오시는 날에 하나님께
영광을 돌리게 하려 함이라
13 ○ 인간의 모든 제도를 주를 위하여
순종하되 혹은 위에 있는 왕이나
14 혹은 그가 악행하는 자를 징벌하
고 선행하는 자를 포상하기 위하
여 보낸 총독에게 하라
15 곧 선행으로 어리석은 사람들의
무식한 말을 막으시는 것이라
16 너희는 자유가 있으나 그 자유로
악을 가리는 데 쓰지 말고 오직 하
나님의 종과 같이 하라
17 뭇 사람을 공경하며 형제를 사랑
하며 하나님을 두려워하며 왕을
존대하라

그리스도의 고난

18 ○ 사환들아 범사에 두려워함으로
주인들에게 순종하되 선하고 관
용하는 자들에게만 아니라 또한
까다로운 자들에게도 그리하라
19 부당하게 고난을 받아도 하나님

12】
13】
14】
15】
16】
17】
18】
19】

년 월 일

을 생각함으로 슬픔을 참으면 이
는 아름다우나
20 죄가 있어 매를 맞고 참으면 무슨
칭찬이 있으리요 그러나 선을 행
함으로 고난을 받고 참으면 이는
하나님 앞에 아름다우니라
21 이를 위하여 너희가 부르심을 받
았으니 그리스도도 너희를 위하
여 고난을 받으사 너희에게 본을
끼쳐 그 자취를 따라오게 하려 하
셨느니라
22 그는 죄를 범하지 아니하시고 그
입에 거짓도 없으시며
23 욕을 당하시되 맞대어 욕하지 아
니하시고 고난을 당하시되 위협
하지 아니하시고 오직 공의로 심
판하시는 이에게 부탁하시며
24 친히 나무에 달려 그 몸으로 우
리 죄를 담당하셨으니 이는 우리
로 죄에 대하여 죽고 의에 대하
여 살게 하려 하심이라 그가 채
찍에 맞음으로 너희는 나음을 얻
었나니
25 너희가 전에는 양과 같이 길을
잃었더니 이제는 너희 영혼의 목
자와 감독 되신 이에게 돌아왔느
니라

20】

21】

22】

23】

24】

25】

년 월 일

아내와 남편

3 1 아내들아 이와 같이 자기 남편
에게 순종하라 이는 혹 말씀을
순종하지 않는 자라도 말로 말미
암지 않고 그 아내의 행실로 말미
암아 구원을 받게 하려 함이니
2 너희의 두려워하며 정결한 행실
을 봄이라
3 너희의 단장은 머리를 꾸미고 금
을 차고 아름다운 옷을 입는 외모
로 하지 말고
4 오직 마음에 숨은 사람을 온유하
고 안정한 심령의 썩지 아니할 것
으로 하라 이는 하나님 앞에 값진
것이니라
5 전에 하나님께 소망을 두었던 거
룩한 부녀들도 이와 같이 자기 남
편에게 순종함으로 자기를 단장
하였나니
6 사라가 아브라함을 주라 칭하여
순종한 것 같이 너희는 선을 행하
고 아무 두려운 일에도 놀라지 아
니하면 그의 딸이 된 것이니라
7 ○ 남편들아 이와 같이 지식을 따
라 너희 아내와 동거하고 그를 더
연약한 그릇이요 또 생명의 은혜
를 함께 이어받을 자로 알아 귀히

1】

2】

3】

4】

5】

6】

7】

여기라 이는 너희 기도가 막히지
아니하게 하려 함이라

선을 위한 고난

8 ○ 마지막으로 말하노니 너희가
다 마음을 같이하여 동정하며 형
제를 사랑하며 불쌍히 여기며 겸
손하며
9 악을 악으로, 욕을 욕으로 갚지 말
고 도리어 복을 빌라 이를 위하여
너희가 부르심을 받았으니 이는
복을 이어받게 하려 하심이라
10 그러므로 생명을 사랑하고 좋은
날 보기를 원하는 자는 혀를 금하
여 악한 말을 그치며 그 입술로 거
짓을 말하지 말고
11 악에서 떠나 선을 행하고 화평을
구하며 그것을 따르라
12 주의 눈은 의인을 향하시고 그의
귀는 의인의 간구에 기울이시되
주의 얼굴은 악행하는 자들을 대
하시느니라 하였느니라
13 ○ 또 너희가 열심으로 선을 행하
면 누가 너희를 해하리요
14 그러나 의를 위하여 고난을 받으
면 복 있는 자니 그들이 두려워하
는 것을 두려워하지 말며 근심하
지 말고

8】

9】

10】

11】

12】

13】

14】

15 너희 마음에 그리스도를 주로 삼
아 거룩하게 하고 너희 속에 있는
소망에 관한 이유를 묻는 자에게
는 대답할 것을 항상 준비하되 온
유와 두려움으로 하고
16 선한 양심을 가지라 이는 그리스
도 안에 있는 너희의 선행을 욕하
는 자들로 그 비방하는 일에 부끄
러움을 당하게 하려 함이라
17 선을 행함으로 고난 받는 것이 하
나님의 뜻일진대 악을 행함으로
고난 받는 것보다 나으니라
18 그리스도께서도 단번에 죄를 위
하여 죽으사 의인으로서 불의한
자를 대신하셨으니 이는 우리를
하나님 앞으로 인도하려 하심이
라 육체로는 죽임을 당하시고 영
으로는 살리심을 받으셨으니
19 그가 또한 영으로 가서 옥에 있는
영들에게 선포하시니라
20 그들은 전에 노아의 날 방주를 준
비할 동안 하나님이 오래 참고 기
다리실 때에 복종하지 아니하던
자들이라 방주에서 물로 말미암
아 구원을 얻은 자가 몇 명뿐이니
겨우 여덟 명이라
21 물은 예수 그리스도께서 부활하

15】

16】

17】

18】

19】

20】

21】

심으로 말미암아 이제 너희를 구
원하는 표니 곧 세례라 이는 육체
의 더러운 것을 제하여 버림이 아
니요 하나님을 향한 선한 양심의
간구니라
22 그는 하늘에 오르사 하나님 우편
에 계시니 천사들과 권세들과 능
력들이 그에게 복종하느니라

22】

하나님의 은혜를 맡은 선한 청지기

4 1 그리스도께서 이미 육체의 고
난을 받으셨으니 너희도 같은
마음으로 갑옷을 삼으라 이는 육
체의 고난을 받은 자는 죄를 그쳤
음이니
2 그 후로는 다시 사람의 정욕을 따
르지 않고 하나님의 뜻을 따라 육
체의 남은 때를 살게 하려 함이라
3 너희가 음란과 정욕과 술취함과
방탕과 향락과 무법한 우상 숭배
를 하여 이방인의 뜻을 따라 행한
것은 지나간 때로 족하도다
4 이러므로 너희가 그들과 함께 그
런 극한 방탕에 달음질하지 아니
하는 것을 그들이 이상히 여겨 비
방하나
5 그들이 산 자와 죽은 자를 심판하

1】

2】

3】

4】

5】

기로 예비하신 이에게 사실대로
고하리라
6 이를 위하여 죽은 자들에게도 복
음이 전파되었으니 이는 육체로는
사람으로 심판을 받으나 영으로는
하나님을 따라 살게 하려 함이라
7 ○ 만물의 마지막이 가까이 왔으
니 그러므로 너희는 정신을 차리
고 근신하여 기도하라
8 무엇보다도 뜨겁게 서로 사랑할지
니 사랑은 허다한 죄를 덮느니라
9 서로 대접하기를 원망 없이 하고
10 각각 은사를 받은 대로 하나님의
여러 가지 은혜를 맡은 선한 청지
기 같이 서로 봉사하라
11 만일 누가 말하려면 하나님의 말
씀을 하는 것 같이 하고 누가 봉사
하려면 하나님이 공급하시는 힘으
로 하는 것 같이 하라 이는 범사
에 예수 그리스도로 말미암아 하
나님이 영광을 받으시게 하려 함
이니 그에게 영광과 권능이 세세
에 무궁하도록 있느니라 아멘

그리스도인이 받을 고난

12 ○ 사랑하는 자들아 너희를 연단하
려고 오는 불 시험을 이상한 일 당
하는 것 같이 이상히 여기지 말고

6】

7】

8】

9】

10】

11】

12】

13 오히려 너희가 그리스도의 고난
에 참여하는 것으로 즐거워하라
이는 그의 영광을 나타내실 때에
너희로 즐거워하고 기뻐하게 하
려 함이라
14 너희가 그리스도의 이름으로 치
욕을 당하면 복 있는 자로다 영광
의 영 곧 하나님의 영이 너희 위
에 계심이라
15 너희 중에 누구든지 살인이나 도둑
질이나 악행이나 남의 일을 간섭하
는 자로 고난을 받지 말려니와
16 만일 그리스도인으로 고난을 받으
면 부끄러워하지 말고 도리어 그
이름으로 하나님께 영광을 돌리라
17 하나님의 집에서 심판을 시작할
때가 되었나니 만일 우리에게 먼
저 하면 하나님의 복음을 순종하
지 아니하는 자들의 그 마지막은
어떠하며
18 또 의인이 겨우 구원을 받으면 경
건하지 아니한 자와 죄인은 어디
에 서리요
19 그러므로 하나님의 뜻대로 고난
을 받는 자들은 또한 선을 행하는
가운데에 그 영혼을 미쁘신 창조
주께 의탁할지어다

13】

14】

15】

16】

17】

18】

19】

하나님의 양 무리를 치라

5
1 너희 중 장로들에게 권하노니
나는 함께 장로 된 자요 그리스
도의 고난의 증인이요 나타날 영
광에 참여할 자니라
2 너희 중에 있는 하나님의 양 무리
를 치되 억지로 하지 말고 하나님
의 뜻을 따라 자원함으로 하며 더
러운 이득을 위하여 하지 말고 기
꺼이 하며
3 맡은 자들에게 주장하는 자세를
하지 말고 양 무리의 본이 되라
4 그리하면 목자장이 나타나실 때
에 시들지 아니하는 영광의 관을
얻으리라
5 젊은 자들아 이와 같이 장로들에
게 순종하고 다 서로 겸손으로 허
리를 동이라 하나님은 교만한 자
를 대적하시되 겸손한 자들에게
는 은혜를 주시느니라
6 그러므로 하나님의 능하신 손 아
래에서 겸손하라 때가 되면 너희
를 높이시리라
7 너희 염려를 다 주께 맡기라 이는
그가 너희를 돌보심이라
8 근신하라 깨어라 너희 대적 마귀
가 우는 사자 같이 두루 다니며 삼

1】

2】

3】

4】

5】

6】

7】

8】

킬 자를 찾나니
9 너희는 믿음을 굳건하게 하여 그
를 대적하라 이는 세상에 있는 너
희 형제들도 동일한 고난을 당하
는 줄을 앎이라
10 모든 은혜의 하나님 곧 그리스도 안
에서 너희를 부르사 자기의 영원한
영광에 들어가게 하신 이가 잠깐
고난을 당한 너희를 친히 온전하게
하시며 굳건하게 하시며 강하게 하
시며 터를 견고하게 하시리라
11 권능이 세세무궁하도록 그에게
있을지어다 아멘

끝 인사
12 ○ 내가 신실한 형제로 아는 실루
아노로 말미암아 너희에게 간단
히 써서 권하고 이것이 하나님의
참된 은혜임을 증언하노니 너희
는 이 은혜에 굳게 서라
13 택하심을 함께 받은 바벨론에 있
는 교회가 너희에게 문안하고 내
아들 마가도 그리하느니라
14 너희는 사랑의 입맞춤으로 서로
문안하라
○ 그리스도 안에 있는 너희 모든
이에게 평강이 있을지어다

9】

10】

11】

12】

13】

14】

년 월 일

베드로후서
(1-3장)

부르심과 택하심

1
1 예수 그리스도의 종이며 사도
인 시몬 베드로는 우리 하나님
과 구주 예수 그리스도의 의를 힘
입어 동일하게 보배로운 믿음을
우리와 함께 받은 자들에게 편지
하노니
2 하나님과 우리 주 예수를 앎으로
은혜와 평강이 너희에게 더욱 많
을지어다
3 그의 신기한 능력으로 생명과 경
건에 속한 모든 것을 우리에게 주
셨으니 이는 자기의 영광과 덕으
로써 우리를 부르신 이를 앎으로
말미암음이라
4 이로써 그 보배롭고 지극히 큰 약
속을 우리에게 주사 이 약속으로
말미암아 너희가 정욕 때문에 세
상에서 썩어질 것을 피하여 신성
한 성품에 참여하는 자가 되게 하
려 하셨느니라
5 그러므로 너희가 더욱 힘써 너희
믿음에 덕을, 덕에 지식을,
6 지식에 절제를, 절제에 인내를, 인

1】

2】

3】

4】

5】

6】

내에 경건을,
7 경건에 형제 우애를, 형제 우애에
사랑을 더하라
8 이런 것이 너희에게 있어 흡족한
즉 너희로 우리 주 예수 그리스도
를 알기에 게으르지 않고 열매 없
는 자가 되지 않게 하려니와
9 이런 것이 없는 자는 맹인이라 멀
리 보지 못하고 그의 옛 죄가 깨끗
하게 된 것을 잊었느니라
10 그러므로 형제들아 더욱 힘써 너
희 부르심과 택하심을 굳게 하라
너희가 이것을 행한즉 언제든지
실족하지 아니하리라
11 이같이 하면 우리 주 곧 구주 예수
그리스도의 영원한 나라에 들어
감을 넉넉히 너희에게 주시리라

그리스도의 영광과 성경의 예언

12 ○ 그러므로 너희가 이것을 알고
이미 있는 진리에 서 있으나 내가
항상 너희에게 생각나게 하려 하
노라
13 내가 이 장막에 있을 동안에 너희
를 일깨워 생각나게 함이 옳은 줄
로 여기노니
14 이는 우리 주 예수 그리스도께서
내게 지시하신 것 같이 나도 나의

7】

8】

9】

10】

11】

12】

13】

14】

장막을 벗어날 것이 임박한 줄을
앎이라
15 내가 힘써 너희로 하여금 내가 떠
난 후에라도 어느 때나 이런 것을
생각나게 하려 하노라
16 우리 주 예수 그리스도의 능력과
강림하심을 너희에게 알게 한 것
이 교묘히 만든 이야기를 따른 것
이 아니요 우리는 그의 크신 위엄
을 친히 본 자라
17 지극히 큰 영광 중에서 이러한 소
리가 그에게 나기를 이는 내 사랑
하는 아들이요 내 기뻐하는 자라
하실 때에 그가 하나님 아버지께
존귀와 영광을 받으셨느니라
18 이 소리는 우리가 그와 함께 거룩
한 산에 있을 때에 하늘로부터 난
것을 들은 것이라
19 또 우리에게는 더 확실한 예언이
있어 어두운 데를 비추는 등불과
같으니 날이 새어 샛별이 너희 마
음에 떠오르기까지 너희가 이것
을 주의하는 것이 옳으니라
20 먼저 알 것은 성경의 모든 예언은
사사로이 풀 것이 아니니
21 예언은 언제든지 사람의 뜻으로
낸 것이 아니요 오직 성령의 감동

15】

16】

17】

18】

19】

20】

21】

하심을 받은 사람들이 하나님께
받아 말한 것임이라

거짓 선지자들과 거짓 선생들(유 4-13)

2
1 그러나 백성 가운데 또한 거짓
선지자들이 일어났었나니 이와
같이 너희 중에도 거짓 선생들이
있으리라 그들은 멸망하게 할 이
단을 가만히 끌어들여 자기들을
사신 주를 부인하고 임박한 멸망
을 스스로 취하는 자들이라
2 여럿이 그들의 호색하는 것을 따
르리니 이로 말미암아 진리의 도
가 비방을 받을 것이요
3 그들이 탐심으로써 지어낸 말을
가지고 너희로 이득을 삼으니 그
들의 심판은 옛적부터 지체하지
아니하며 그들의 멸망은 잠들지
아니하느니라
4 하나님이 범죄한 천사들을 용서
하지 아니하시고 지옥에 던져 어
두운 구덩이에 두어 심판 때까지
지키게 하셨으며
5 옛 세상을 용서하지 아니하시고
오직 의를 전파하는 노아와 그 일
곱 식구를 보존하시고 경건하지
아니한 자들의 세상에 홍수를 내

1】

2】

3】

4】

5】

리셨으며
6 소돔과 고모라 성을 멸망하기로
정하여 재가 되게 하사 후세에 경
건하지 아니할 자들에게 본을 삼
으셨으며
7 무법한 자들의 음란한 행실로 말
미암아 고통 당하는 의로운 롯을
건지셨으니
8 (이는 이 의인이 그들 중에 거하
여 날마다 저 불법한 행실을 보고
들음으로 그 의로운 심령이 상함
이라)
9 주께서 경건한 자는 시험에서 건지
실 줄 아시고 불의한 자는 형벌 아
래에 두어 심판 날까지 지키시며
10 특별히 육체를 따라 더러운 정욕
가운데서 행하며 주관하는 이를
멸시하는 자들에게는 형벌할 줄
아시느니라 이들은 당돌하고 자
긍하며 떨지 않고 영광 있는 자들
을 비방하거니와
11 더 큰 힘과 능력을 가진 천사들도
주 앞에서 그들을 거슬러 비방하
는 고발을 하지 아니하느니라
12 그러나 이 사람들은 본래 잡혀 죽
기 위하여 난 이성 없는 짐승 같
아서 그 알지 못하는 것을 비방하

6】

7】

8】

9】

10】

11】

12】

고 그들의 멸망 가운데서 멸망을
당하며
13 불의의 값으로 불의를 당하며 낮
에 즐기고 노는 것을 기쁘게 여기
는 자들이니 점과 흠이라 너희와
함께 연회할 때에 그들의 속임수
로 즐기고 놀며
14 음심이 가득한 눈을 가지고 범죄
하기를 그치지 아니하고 굳세지
못한 영혼들을 유혹하며 탐욕에
연단된 마음을 가진 자들이니 저
주의 자식이라
15 그들이 바른 길을 떠나 미혹되어
브올의 아들 발람의 길을 따르는도
다 그는 불의의 삯을 사랑하다가
16 자기의 불법으로 말미암아 책망
을 받되 말하지 못하는 나귀가 사
람의 소리로 말하여 이 선지자의
미친 행동을 저지하였느니라
17 이 사람들은 물 없는 샘이요 광풍
에 밀려 가는 안개니 그들을 위하
여 캄캄한 어둠이 예비되어 있나니
18 그들이 허탄한 자랑의 말을 토하
며 그릇되게 행하는 사람들에게서
겨우 피한 자들을 음란으로써 육
체의 정욕 중에서 유혹하는도다
19 그들에게 자유를 준다 하여도 자

13】
14】
15】
16】
17】
18】
19】

신들은 멸망의 종들이니 누구든지
진 자는 이긴 자의 종이 됨이라
20 만일 그들이 우리 주 되신 구주 예
수 그리스도를 앎으로 세상의 더
러움을 피한 후에 다시 그 중에 얽
매이고 지면 그 나중 형편이 처음
보다 더 심하리니
21 의의 도를 안 후에 받은 거룩한
명령을 저버리는 것보다 알지 못
하는 것이 도리어 그들에게 나으
니라
22 참된 속담에 이르기를 개가 그 토
하였던 것에 돌아가고 돼지가 씻
었다가 더러운 구덩이에 도로 누
웠다 하는 말이 그들에게 응하였
도다

20】

21】

22】

하나님의 날

3

1 사랑하는 자들아 내가 이제 이
둘째 편지를 너희에게 쓰노니
이 두 편지로 너희의 진실한 마음
을 일깨워 생각나게 하여
2 곧 거룩한 선지자들이 예언한 말
씀과 주 되신 구주께서 너희의 사
도들로 말미암아 명하신 것을 기
억하게 하려 하노라
3 먼저 이것을 알지니 말세에 조롱

1】

2】

3】

하는 자들이 와서 자기의 정욕을
따라 행하며 조롱하여
4 이르되 주께서 강림하신다는 약
속이 어디 있느냐 조상들이 잔 후
로부터 만물이 처음 창조될 때와
같이 그냥 있다 하니
5 이는 하늘이 옛적부터 있는 것과
땅이 물에서 나와 물로 성립된 것
도 하나님의 말씀으로 된 것을 그
들이 일부러 잊으려 함이로다
6 이로 말미암아 그 때에 세상은 물
이 넘침으로 멸망하였으되
7 이제 하늘과 땅은 그 동일한 말씀
으로 불사르기 위하여 보호하신
바 되어 경건하지 아니한 사람들
의 심판과 멸망의 날까지 보존하
여 두신 것이니라
8 ○ 사랑하는 자들아 주께는 하루
가 천 년 같고 천 년이 하루 같다
는 이 한 가지를 잊지 말라
9 주의 약속은 어떤 이들이 더디다
고 생각하는 것 같이 더딘 것이
아니라 오직 주께서는 너희를 대
하여 오래 참으사 아무도 멸망하
지 아니하고 다 회개하기에 이르
기를 원하시느니라
10 그러나 주의 날이 도둑 같이 오리

4】

5】

6】

7】

8】

9】

10】

니 그 날에는 하늘이 큰 소리로 떠
나가고 물질이 뜨거운 불에 풀어
지고 땅과 그 중에 있는 모든 일이
드러나리로다
11 이 모든 것이 이렇게 풀어지리니
너희가 어떠한 사람이 되어야 마
땅하냐 거룩한 행실과 경건함으로
12 하나님의 날이 임하기를 바라보
고 간절히 사모하라 그 날에 하늘
이 불에 타서 풀어지고 물질이 뜨
거운 불에 녹아지려니와
13 우리는 그의 약속대로 의가 있는
곳인 새 하늘과 새 땅을 바라보
도다
14 ○ 그러므로 사랑하는 자들아 너
희가 이것을 바라보나니 주 앞에
서 점도 없고 흠도 없이 평강 가운
데서 나타나기를 힘쓰라
15 또 우리 주의 오래 참으심이 구원
이 될 줄로 여기라 우리가 사랑하
는 형제 바울도 그 받은 지혜대로
너희에게 이같이 썼고
16 또 그 모든 편지에도 이런 일에 관
하여 말하였으되 그 중에 알기 어
려운 것이 더러 있으니 무식한 자
들과 굳세지 못한 자들이 다른 성
경과 같이 그것도 억지로 풀다가

11】

12】

13】

14】

15】

16】

스스로 멸망에 이르느니라
17 그러므로 사랑하는 자들아 너희 17】
가 이것을 미리 알았은즉 무법한
자들의 미혹에 이끌려 너희가 굳
센 데서 떨어질까 삼가라
18 오직 우리 주 곧 구주 예수 그리스 18】
도의 은혜와 그를 아는 지식에서
자라 가라 영광이 이제와 영원한
날까지 그에게 있을지어다

요한1서

(1-5장)

생명의 말씀

1 1 태초부터 있는 생명의 말씀에 1】
관하여는 우리가 들은 바요 눈
으로 본 바요 자세히 보고 우리의
손으로 만진 바라
2 이 생명이 나타내신 바 된지라 이 2】
영원한 생명을 우리가 보았고 증
언하여 너희에게 전하노니 이는
아버지와 함께 계시다가 우리에
게 나타내신 바 된 이시니라
3 우리가 보고 들은 바를 너희에게 3】
도 전함은 너희로 우리와 사귐이
있게 하려 함이니 우리의 사귐은
아버지와 그의 아들 예수 그리스
도와 더불어 누림이라

4 우리가 이것을 씀은 우리의 기쁨
이 충만하게 하려 함이라

하나님은 빛이시다

5 ○ 우리가 그에게서 듣고 너희에
게 전하는 소식은 이것이니 곧 하
나님은 빛이시라 그에게는 어둠
이 조금도 없으시다는 것이니라
6 만일 우리가 하나님과 사귐이 있
다 하고 어둠에 행하면 거짓말을
하고 진리를 행하지 아니함이거
니와
7 그가 빛 가운데 계신 것 같이 우리
도 빛 가운데 행하면 우리가 서로
사귐이 있고 그 아들 예수의 피가
우리를 모든 죄에서 깨끗하게 하
실 것이요
8 만일 우리가 죄가 없다고 말하면
스스로 속이고 또 진리가 우리 속
에 있지 아니할 것이요
9 만일 우리가 우리 죄를 자백하면
그는 미쁘시고 의로우사 우리 죄
를 사하시며 우리를 모든 불의에
서 깨끗하게 하실 것이요
10 만일 우리가 범죄하지 아니하였
다 하면 하나님을 거짓말하는 이
로 만드는 것이니 또한 그의 말씀
이 우리 속에 있지 아니하니라

4】

5】

6】

7】

8】

9】

10】

대언자이신 예수 그리스도

2
1 나의 자녀들아 내가 이것을 너
희에게 씀은 너희로 죄를 범하
지 않게 하려 함이라 만일 누가 죄
를 범하여도 아버지 앞에서 우리
에게 대언자가 있으니 곧 의로우
신 예수 그리스도시라
2 그는 우리 죄를 위한 화목 제물이
니 우리만 위할 뿐 아니요 온 세상
의 죄를 위하심이라
3 우리가 그의 계명을 지키면 이로
써 우리가 그를 아는 줄로 알 것
이요
4 그를 아노라 하고 그의 계명을 지
키지 아니하는 자는 거짓말하는
자요 진리가 그 속에 있지 아니
하되
5 누구든지 그의 말씀을 지키는 자
는 하나님의 사랑이 참으로 그 속
에서 온전하게 되었나니 이로써 우
리가 그의 안에 있는 줄을 아노라
6 그의 안에 산다고 하는 자는 그
가 행하시는 대로 자기도 행할지
니라

옛 계명과 새 계명
7 ○ 사랑하는 자들아 내가 새 계명
을 너희에게 쓰는 것이 아니라 너

1】

2】

3】

4】

5】

6】

7】

희가 처음부터 가진 옛 계명이니
이 옛 계명은 너희가 들은 바 말
씀이거니와
8 다시 내가 너희에게 새 계명을 쓰
노니 그에게와 너희에게도 참된 것
이라 이는 어둠이 지나가고 참빛이
벌써 비침이니라
9 빛 가운데 있다 하면서 그 형제를
미워하는 자는 지금까지 어둠에 있
는 자요
10 그의 형제를 사랑하는 자는 빛 가
운데 거하여 자기 속에 거리낌이
없으나
11 그의 형제를 미워하는 자는 어둠
에 있고 또 어둠에 행하며 갈 곳을
알지 못하나니 이는 그 어둠이 그
의 눈을 멀게 하였음이라
12 ○ 자녀들아 내가 너희에게 쓰는
것은 너희 죄가 그의 이름으로 말
미암아 사함을 받았음이요
13 아비들아 내가 너희에게 쓰는 것
은 너희가 태초부터 계신 이를 알
았음이요 청년들아 내가 너희에게
쓰는 것은 너희가 악한 자를 이기
었음이라
14 아이들아 내가 너희에게 쓴 것은
너희가 아버지를 알았음이요 아

8】
9】
10】
11】
12】
13】
14】

비들아 내가 너희에게 쓴 것은 너
희가 태초부터 계신 이를 알았음
이요 청년들아 내가 너희에게 쓴
것은 너희가 강하고 하나님의 말
씀이 너희 안에 거하시며 너희가
흉악한 자를 이기었음이라
15 이 세상이나 세상에 있는 것들을
사랑하지 말라 누구든지 세상을
사랑하면 아버지의 사랑이 그 안
에 있지 아니하니
16 이는 세상에 있는 모든 것이 육신
의 정욕과 안목의 정욕과 이생의
자랑이니 다 아버지께로부터 온
것이 아니요 세상으로부터 온 것
이라
17 이 세상도, 그 정욕도 지나가되 오
직 하나님의 뜻을 행하는 자는 영
원히 거하느니라

적그리스도와 하나님의 자녀

18 ○ 아이들아 지금은 마지막 때라
적그리스도가 오리라는 말을 너
희가 들은 것과 같이 지금도 많
은 적그리스도가 일어났으니 그
러므로 우리가 마지막 때인 줄
아노라
19 그들이 우리에게서 나갔으나 우
리에게 속하지 아니하였나니 만

15】

16】

17】

18】

19】

일 우리에게 속하였더라면 우리
와 함께 거하였으려니와 그들이
나간 것은 다 우리에게 속하지 아
니함을 나타내려 함이니라
20 너희는 거룩하신 자에게서 기름
부음을 받고 모든 것을 아느니라
21 내가 너희에게 쓰는 것은 너희가
진리를 알지 못하기 때문이 아니
라 알기 때문이요 또 모든 거짓은
진리에서 나지 않기 때문이라
22 거짓말하는 자가 누구냐 예수께
서 그리스도이심을 부인하는 자
가 아니냐 아버지와 아들을 부인
하는 그가 적그리스도니
23 아들을 부인하는 자에게는 또한
아버지가 없으되 아들을 시인하
는 자에게는 아버지도 있느니라
24 너희는 처음부터 들은 것을 너희
안에 거하게 하라 처음부터 들은
것이 너희 안에 거하면 너희가 아
들과 아버지 안에 거하리라
25 그가 우리에게 약속하신 것은 이
것이니 곧 영원한 생명이니라
26 너희를 미혹하는 자들에 관하여
내가 이것을 너희에게 썼노라
27 너희는 주께 받은 바 기름 부음이
너희 안에 거하나니 아무도 너희

20】

21】

22】

23】

24】

25】

26】

27】

를 가르칠 필요가 없고 오직 그의
기름 부음이 모든 것을 너희에게
가르치며 또 참되고 거짓이 없으
니 너희를 가르치신 그대로 주 안
에 거하라
28 자녀들아 이제 그의 안에 거하라
이는 주께서 나타내신 바 되면 그
가 강림하실 때에 우리로 담대함
을 얻어 그 앞에서 부끄럽지 않게
하려 함이라
29 너희가 그가 의로우신 줄을 알면
의를 행하는 자마다 그에게서 난
줄을 알리라

28】

29】

3
1 보라 아버지께서 어떠한 사랑
을 우리에게 베푸사 하나님의
자녀라 일컬음을 받게 하셨는가,
우리가 그러하도다 그러므로 세
상이 우리를 알지 못함은 그를 알
지 못함이라
2 사랑하는 자들아 우리가 지금은
하나님의 자녀라 장래에 어떻게
될지는 아직 나타나지 아니하였
으나 그가 나타나시면 우리가 그
와 같을 줄을 아는 것은 그의 참모
습 그대로 볼 것이기 때문이니
3 주를 향하여 이 소망을 가진 자마

1】

2】

3】

다 그의 깨끗하심과 같이 자기를
깨끗하게 하느니라
4 죄를 짓는 자마다 불법을 행하나
니 죄는 불법이라
5 그가 우리 죄를 없애려고 나타나
신 것을 너희가 아나니 그에게는
죄가 없느니라
6 그 안에 거하는 자마다 범죄하지
아니하나니 범죄하는 자마다 그
를 보지도 못하였고 그를 알지도
못하였느니라
7 자녀들아 아무도 너희를 미혹하
지 못하게 하라 의를 행하는 자는
그의 의로우심과 같이 의롭고
8 죄를 짓는 자는 마귀에게 속하나
니 마귀는 처음부터 범죄함이라
하나님의 아들이 나타나신 것은
마귀의 일을 멸하려 하심이라
9 하나님께로부터 난 자마다 죄를 짓
지 아니하나니 이는 하나님의 씨가
그의 속에 거함이요 그도 범죄하지
못하는 것은 하나님께로부터 났음
이라
10 이러므로 하나님의 자녀들과 마
귀의 자녀들이 드러나나니 무릇
의를 행하지 아니하는 자나 또는
그 형제를 사랑하지 아니하는 자

4】

5】

6】

7】

8】

9】

10】

는 하나님께 속하지 아니하니라
11 우리는 서로 사랑할지니 이는 너
희가 처음부터 들은 소식이라
12 가인 같이 하지 말라 그는 악한 자
에게 속하여 그 아우를 죽였으니
어떤 이유로 죽였느냐 자기의 행
위는 악하고 그의 아우의 행위는
의로움이라

행함과 진실함으로 사랑하자

13 ○ 형제들아 세상이 너희를 미워
하여도 이상히 여기지 말라
14 우리는 형제를 사랑함으로 사망
에서 옮겨 생명으로 들어간 줄을
알거니와 사랑하지 아니하는 자
는 사망에 머물러 있느니라
15 그 형제를 미워하는 자마다 살인
하는 자니 살인하는 자마다 영생
이 그 속에 거하지 아니하는 것을
너희가 아는 바라
16 그가 우리를 위하여 목숨을 버리
셨으니 우리가 이로써 사랑을 알
고 우리도 형제들을 위하여 목숨
을 버리는 것이 마땅하니라
17 누가 이 세상의 재물을 가지고 형
제의 궁핍함을 보고도 도와 줄 마
음을 닫으면 하나님의 사랑이 어
찌 그 속에 거하겠느냐

11】

12】

13】

14】

15】

16】

17】

18 자녀들아 우리가 말과 혀로만 사
랑하지 말고 행함과 진실함으로
하자
19 이로써 우리가 진리에 속한 줄을
알고 또 우리 마음을 주 앞에서 굳
세게 하리니
20 이는 우리 마음이 혹 우리를 책망
할 일이 있어도 하나님은 우리 마
음보다 크시고 모든 것을 아시기
때문이라
21 사랑하는 자들아 만일 우리 마음
이 우리를 책망할 것이 없으면 하
나님 앞에서 담대함을 얻고
22 무엇이든지 구하는 바를 그에게
서 받나니 이는 우리가 그의 계명
을 지키고 그 앞에서 기뻐하시는
것을 행함이라
23 그의 계명은 이것이니 곧 그 아들
예수 그리스도의 이름을 믿고 그
가 우리에게 주신 계명대로 서로
사랑할 것이니라
24 그의 계명을 지키는 자는 주 안에
거하고 주는 그의 안에 거하시나
니 우리에게 주신 성령으로 말미
암아 그가 우리 안에 거하시는 줄
을 우리가 아느니라

18】

19】

20】

21】

22】

23】

24】

하나님의 영과 적그리스도의 영

4
1 사랑하는 자들아 영을 다 믿지
말고 오직 영들이 하나님께속
하였나 분별하라 많은 거짓 선지
자가 세상에 나왔음이라
2 이로써 너희가 하나님의 영을 알
지니 곧 예수 그리스도께서 육체
로 오신 것을 시인하는 영마다 하
나님께 속한 것이요
3 예수를 시인하지 아니하는 영마
다 하나님께 속한 것이 아니니 이
것이 곧 적그리스도의 영이니라
오리라 한 말을 너희가 들었거니
와 지금 벌써 세상에 있느니라
4 자녀들아 너희는 하나님께 속하
였고 또 그들을 이기었나니 이는
너희 안에 계신 이가 세상에 있는
자보다 크심이라
5 그들은 세상에 속한 고로 세상에
속한 말을 하매 세상이 그들의 말
을 듣느니라
6 우리는 하나님께 속하였으니 하
나님을 아는 자는 우리의 말을 듣
고 하나님께 속하지 아니한 자는
우리의 말을 듣지 아니하나니 진
리의 영과 미혹의 영을 이로써 아
느니라

1】

2】

3】

4】

5】

6】

하나님은 사랑이시다

7 ○ 사랑하는 자들아 우리가 서로
사랑하자 사랑은 하나님께 속한
것이니 사랑하는 자마다 하나님
으로부터 나서 하나님을 알고
8 사랑하지 아니하는 자는 하나님
을 알지 못하나니 이는 하나님은
사랑이심이라
9 하나님의 사랑이 우리에게 이렇
게 나타난 바 되었으니 하나님이
자기의 독생자를 세상에 보내심
은 그로 말미암아 우리를 살리려
하심이라
10 사랑은 여기 있으니 우리가 하나
님을 사랑한 것이 아니요 하나님
이 우리를 사랑하사 우리 죄를 속
하기 위하여 화목 제물로 그 아들
을 보내셨음이라
11 사랑하는 자들아 하나님이 이같
이 우리를 사랑하셨은즉 우리도
서로 사랑하는 것이 마땅하도다
12 어느 때나 하나님을 본 사람이 없
으되 만일 우리가 서로 사랑하면
하나님이 우리 안에 거하시고 그
의 사랑이 우리 안에 온전히 이루
어지느니라
13 그의 성령을 우리에게 주시므로

7】

8】

9】

10】

11】

12】

13】

우리가 그 안에 거하고 그가 우리
안에 거하시는 줄을 아느니라
14 아버지가 아들을 세상의 구주로
보내신 것을 우리가 보았고 또 증
언하노니
15 누구든지 예수를 하나님의 아들
이라 시인하면 하나님이 그의 안
에 거하시고 그도 하나님 안에 거
하느니라
16 하나님이 우리를 사랑하시는 사
랑을 우리가 알고 믿었노니 하나
님은 사랑이시라 사랑 안에 거하
는 자는 하나님 안에 거하고 하나
님도 그의 안에 거하시느니라
17 이로써 사랑이 우리에게 온전히
이루어진 것은 우리로 심판 날에
담대함을 가지게 하려 함이니 주
께서 그러하심과 같이 우리도 이
세상에서 그러하니라
18 사랑 안에 두려움이 없고 온전한
사랑이 두려움을 내쫓나니 두려
움에는 형벌이 있음이라 두려워
하는 자는 사랑 안에서 온전히 이
루지 못하였느니라
19 우리가 사랑함은 그가 먼저 우리
를 사랑하셨음이라
20 누구든지 하나님을 사랑하노라

14】

15】

16】

17】

18】

19】

20】

하고 그 형제를 미워하면 이는 거
짓말하는 자니 보는 바 그 형제를
사랑하지 아니하는 자는 보지 못
하는 바 하나님을 사랑할 수 없느
니라
21 우리가 이 계명을 주께 받았나니
하나님을 사랑하는 자는 또한 그
형제를 사랑할지니라

21】

세상을 이기는 믿음

5 1 예수께서 그리스도이심을 믿는
자마다 하나님께로부터 난 자
니 또한 낳으신 이를 사랑하는 자
마다 그에게서 난 자를 사랑하느
니라
2 우리가 하나님을 사랑하고 그의
계명들을 지킬 때에 이로써 우리
가 하나님의 자녀를 사랑하는 줄
을 아느니라
3 하나님을 사랑하는 것은 이것이
니 우리가 그의 계명들을 지키는
것이라 그의 계명들은 무거운 것
이 아니로다
4 무릇 하나님께로부터 난 자마다
세상을 이기느니라 세상을 이기
는 승리는 이것이니 우리의 믿음
이니라

1】

2】

3】

4】

5 예수께서 하나님의 아들이심을
믿는 자가 아니면 세상을 이기는
자가 누구냐
6 이는 물과 피로 임하신 이시니 곧
예수 그리스도시라 물로만 아니요
물과 피로 임하셨고 증언하는 이
는 성령이시니 성령은 진리니라
7 증언하는 이가 셋이니
8 성령과 물과 피라 또한 이 셋은 합
하여 하나이니라
9 만일 우리가 사람들의 증언을 받
을진대 하나님의 증거는 더욱 크
도다 하나님의 증거는 이것이니
그의 아들에 대하여 증언하신 것
이니라
10 하나님의 아들을 믿는 자는 자기
안에 증거가 있고 하나님을 믿지
아니하는 자는 하나님을 거짓말
하는 자로 만드나니 이는 하나님
께서 그 아들에 대하여 증언하신
증거를 믿지 아니하였음이라
11 또 증거는 이것이니 하나님이 우
리에게 영생을 주신 것과 이 생명
이 그의 아들 안에 있는 그것이
니라
12 아들이 있는 자에게는 생명이 있
고 하나님의 아들이 없는 자에게

5】

6】

7】

8】

9】

10】

11】

12】

는 생명이 없느니라

영생을 알게 하려 함이라

13 ○ 내가 하나님의 아들의 이름을 13】
믿는 너희에게 이것을 쓰는 것은
너희로 하여금 너희에게 영생이
있음을 알게 하려 함이라
14 그를 향하여 우리가 가진 바 담대 14】
함이 이것이니 그의 뜻대로 무엇
을 구하면 들으심이라
15 우리가 무엇이든지 구하는 바를 15】
들으시는 줄을 안즉 우리가 그에
게 구한 그것을 얻은 줄을 또한 아
느니라
16 누구든지 형제가 사망에 이르지 16】
아니하는 죄 범하는 것을 보거든
구하라 그리하면 사망에 이르지
아니하는 범죄자들을 위하여 그
에게 생명을 주시리라 사망에 이
르는 죄가 있으니 이에 관하여 나
는 구하라 하지 않노라
17 모든 불의가 죄로되 사망에 이르 17】
지 아니하는 죄도 있도다
18 ○ 하나님께로부터 난 자는 다 범 18】
죄하지 아니하는 줄을 우리가 아
노라 하나님께로부터 나신 자가
그를 지키시매 악한 자가 그를 만
지지도 못하느니라

19 또 아는 것은 우리는 하나님께 속
하고 온 세상은 악한 자 안에 처
한 것이며

19】

20 또 아는 것은 하나님의 아들이 이
르러 우리에게 지각을 주사 우리
로 참된 자를 알게 하신 것과 또한
우리가 참된 자 곧 그의 아들 예수
그리스도 안에 있는 것이니 그는
참 하나님이시요 영생이시라

20】

21 자녀들아 너희 자신을 지켜 우상
에게서 멀리하라

21】

요한2서

(1장)

인사

1 1 장로인 나는 택하심을 받은 부
녀와 그의 자녀들에게 편지하노
니 내가 참으로 사랑하는 자요 나
뿐 아니라 진리를 아는 모든 자도
그리하는 것은

1】

2 우리 안에 거하여 영원히 우리와
함께 할 진리로 말미암음이로다

2】

3 은혜와 긍휼과 평강이 하나님 아
버지와 아버지의 아들 예수 그리
스도께로부터 진리와 사랑 가운
데서 우리와 함께 있으리라

3】

진리와 사랑

4 ○ 너의 자녀들 중에 우리가 아버
지께 받은 계명대로 진리를 행하
는 자를 내가 보니 심히 기쁘도다
5 부녀여, 내가 이제 네게 구하노니
서로 사랑하자 이는 새 계명 같이
네게 쓰는 것이 아니요 처음부터
우리가 가진 것이라
6 또 사랑은 이것이니 우리가 그 계
명을 따라 행하는 것이요 계명은
이것이니 너희가 처음부터 들은
바와 같이 그 가운데서 행하라 하
심이라
7 미혹하는 자가 세상에 많이 나왔
나니 이는 예수 그리스도께서 육
체로 오심을 부인하는 자라 이런
자가 미혹하는 자요 적그리스도니
8 너희는 스스로 삼가 우리가 일한
것을 잃지 말고 오직 온전한 상을
받으라
9 지나쳐 그리스도의 교훈 안에 거
하지 아니하는 자는 다 하나님을
모시지 못하되 교훈 안에 거하는
그 사람은 아버지와 아들을 모시
느니라
10 누구든지 이 교훈을 가지지 않고
너희에게 나아가거든 그를 집에

4】

5】

6】

7】

8】

9】

10】

들이지도 말고 인사도 하지 말라
11 그에게 인사하는 자는 그 악한 일
에 참여하는 자임이라

끝 인사

12 ○ 내가 너희에게 쓸 것이 많으나
종이와 먹으로 쓰기를 원하지 아
니하고 오히려 너희에게 가서 대
면하여 말하려 하니 이는 너희 기
쁨을 충만하게 하려 함이라
13 택하심을 받은 네 자매의 자녀들
이 네게 문안하느니라

요한3서

(1장)

인사

1
1 장로인 나는 사랑하는 가이오
곧 내가 참으로 사랑하는 자에
게 편지하노라
2 ○ 사랑하는 자여 네 영혼이 잘됨
같이 네가 범사에 잘되고 강건하
기를 내가 간구하노라
3 형제들이 와서 네게 있는 진리를
증언하되 네가 진리 안에서 행한
다 하니 내가 심히 기뻐하노라
4 내가 내 자녀들이 진리 안에서 행
한다 함을 듣는 것보다 더 기쁜 일

이 없도다

영접함과 내 쫓음

5 ○ 사랑하는 자여 네가 무엇이든
지 형제 곧 나그네 된 자들에게 행
하는 것은 신실한 일이니
6 그들이 교회 앞에서 너의 사랑을
증언하였느니라 네가 하나님께
합당하게 그들을 전송하면 좋으
리로다
7 이는 그들이 주의 이름을 위하여
나가서 이방인에게 아무 것도 받
지 아니함이라
8 그러므로 우리가 이같은 자들을
영접하는 것이 마땅하니 이는 우
리로 진리를 위하여 함께 일하는
자가 되게 하려 함이라
9 ○ 내가 두어 자를 교회에 썼으나
그들 중에 으뜸되기를 좋아하는
디오드레베가 우리를 맞아들이지
아니하니
10 그러므로 내가 가면 그 행한 일을
잊지 아니하리라 그가 악한 말로
우리를 비방하고도 오히려 부족
하여 형제들을 맞아들이지도 아
니하고 맞아들이고자 하는 자를
금하여 교회에서 내쫓는도다
11 사랑하는 자여 악한 것을 본받지

5】

6】

7】

8】

9】

10】

11】

년 월 일

말고 선한 것을 본받으라 선을 행
하는 자는 하나님께 속하고 악을
행하는 자는 하나님을 뵈옵지 못
하였느니라
12 데메드리오는 뭇 사람에게도, 진 12】
리에게서도 증거를 받았으매 우
리도 증언하노니 너는 우리의 증
언이 참된 줄을 아느니라

끝 인사

13 ○ 내가 네게 쓸 것이 많으나 먹과 13】
붓으로 쓰기를 원하지 아니하고
14 속히 보기를 바라노니 또한 우리 14】
가 대면하여 말하리라
15 평강이 네게 있을지어다 여러 친 15】
구가 네게 문안하느니라 너는 친
구들의 이름을 들어 문안하라

유다서

(1장)

인사

1

1 예수 그리스도의 종이요 야고 1】
보의 형제인 유다는 부르심을
받은 자 곧 하나님 아버지 안에서
사랑을 얻고 예수 그리스도를 위
하여 지키심을 받은 자들에게 편
지하노라

2 긍휼과 평강과 사랑이 너희에게
더욱 많을지어다

거짓 교사들에게 내릴 심판(벧후 2:1-17)

3 ○ 사랑하는 자들아 우리가 일반
으로 받은 구원에 관하여 내가 너
희에게 편지하려는 생각이 간절
하던 차에 성도에게 단번에 주신
믿음의 도를 위하여 힘써 싸우라
는 편지로 너희를 권하여야 할 필
요를 느꼈노니
4 이는 가만히 들어온 사람 몇이 있
음이라 그들은 옛적부터 이 판결
을 받기로 미리 기록된 자니 경건
하지 아니하여 우리 하나님의 은
혜를 도리어 방탕한 것으로 바꾸
고 홀로 하나이신 주재 곧 우리
주 예수 그리스도를 부인하는 자
니라
5 ○ 너희가 본래 모든 사실을 알고
있으나 내가 너희로 다시 생각나
게 하고자 하노라 주께서 백성을
애굽에서 구원하여 내시고 후에
믿지 아니하는 자들을 멸하셨으며
6 또 자기 지위를 지키지 아니하고
자기 처소를 떠난 천사들을 큰 날
의 심판까지 영원한 결박으로 흑
암에 가두셨으며

2】

3】

4】

5】

6】

7 소돔과 고모라와 그 이웃 도시들
도 그들과 같은 행동으로 음란하
며 다른 육체를 따라 가다가 영원
한 불의 형벌을 받음으로 거울이
되었느니라
8 그러한데 꿈꾸는 이 사람들도 그
와 같이 육체를 더럽히며 권위를
업신여기며 영광을 비방하는도다
9 천사장 미가엘이 모세의 시체에
관하여 마귀와 다투어 변론할 때
에 감히 비방하는 판결을 내리지
못하고 다만 말하되 주께서 너를
꾸짖으시기를 원하노라 하였거늘
10 이 사람들은 무엇이든지 그 알지
못하는 것을 비방하는도다 또 그
들은 이성 없는 짐승 같이 본능으
로 아는 그것으로 멸망하느니라
11 화 있을진저 이 사람들이여, 가인
의 길에 행하였으며 삯을 위하여
발람의 어그러진 길로 몰려 갔으
며 고라의 패역을 따라 멸망을 받
았도다
12 그들은 기탄 없이 너희와 함께 먹
으니 너희의 애찬에 암초요 자기
몸만 기르는 목자요 바람에 불려
가는 물 없는 구름이요 죽고 또 죽
어 뿌리까지 뽑힌 열매 없는 가을

7】

8】

9】

10】

11】

12】

나무요
13 자기 수치의 거품을 뿜는 바다의
거친 물결이요 영원히 예비된 캄
캄한 흑암으로 돌아갈 유리하는
별들이라
14 아담의 칠대 손 에녹이 이 사람들
에 대하여도 예언하여 이르되 보
라 주께서 그 수만의 거룩한 자와
함께 임하셨나니
15 이는 뭇 사람을 심판하사 모든 경
건하지 않은 자가 경건하지 않게
행한 모든 경건하지 않은 일과 또
경건하지 않은 죄인들이 주를 거
슬러 한 모든 완악한 말로 말미암
아 그들을 정죄하려 하심이라 하
였느니라
16 이 사람들은 원망하는 자며 불만
을 토하는 자며 그 정욕대로 행하
는 자라 그 입으로 자랑하는 말
을 하며 이익을 위하여 아첨하느
니라

훈계와 권면

17 ○ 사랑하는 자들아 너희는 우리
주 예수 그리스도의 사도들이 미
리 한 말을 기억하라
18 그들이 너희에게 말하기를 마지
막 때에 자기의 경건하지 않은 정

13】

14】

15】

16】

17】

18】

욕대로 행하며 조롱하는 자들이
있으리라 하였나니
19 이 사람들은 분열을 일으키는 자
며 육에 속한 자며 성령이 없는
자니라
20 사랑하는 자들아 너희는 너희의
지극히 거룩한 믿음 위에 자신을
세우며 성령으로 기도하며
21 하나님의 사랑 안에서 자신을 지
키며 영생에 이르도록 우리 주 예
수 그리스도의 긍휼을 기다리라
22 어떤 의심하는 자들을 긍휼히 여
기라
23 또 어떤 자를 불에서 끌어내어 구
원하라 또 어떤 자를 그 육체로
더럽힌 옷까지도 미워하되 두려
움으로 긍휼히 여기라

축복

24 ○ 능히 너희를 보호하사 거침이
없게 하시고 너희로 그 영광 앞에
흠이 없이 기쁨으로 서게 하실 이
25 곧 우리 구주 홀로 하나이신 하나
님께 우리 주 예수 그리스도로 말
미암아 영광과 위엄과 권력과 권
세가 영원 전부터 이제와 영원토
록 있을지어다 아멘

19】

20】

21】

22】

23】

24】

25】

요한계시록

(1-22장)

표제와 인사

1 1 예수 그리스도의 계시라 이는
하나님이 그에게 주사 반드시
속히 일어날 일들을 그 종들에게
보이시려고 그의 천사를 그 종 요
한에게 보내어 알게 하신 것이라
2 요한은 하나님의 말씀과 예수 그
리스도의 증거 곧 자기가 본 것을
다 증언하였느니라
3 이 예언의 말씀을 읽는 자와 듣는
자와 그 가운데에 기록한 것을 지
키는 자는 복이 있나니 때가 가까
움이라
4 ○ 요한은 아시아에 있는 일곱 교
회에 편지하노니 이제도 계시고
전에도 계셨고 장차 오실 이와 그
의 보좌 앞에 있는 일곱 영과
5 또 충성된 증인으로 죽은 자들 가
운데에서 먼저 나시고 땅의 임금
들의 머리가 되신 예수 그리스도
로 말미암아 은혜와 평강이 너희
에게 있기를 원하노라 우리를 사
랑하사 그의 피로 우리 죄에서 우
리를 해방하시고

1】

2】

3】

4】

5】

6 그의 아버지 하나님을 위하여 우
리를 나라와 제사장으로 삼으신
그에게 영광과 능력이 세세토록
있기를 원하노라 아멘
7 볼지어다 그가 구름을 타고 오시
리라 각 사람의 눈이 그를 보겠고
그를 찌른 자들도 볼 것이요 땅에
있는 모든 족속이 그로 말미암아
애곡하리니 그러하리라 아멘
8 ○ 주 하나님이 이르시되 나는 알
파와 오메가라 이제도 있고 전에
도 있었고 장차 올 자요 전능한 자
라 하시더라

그리스도의 명령

9 ○ 나 요한은 너희 형제요 예수
의 환난과 나라와 참음에 동참하
는 자라 하나님의 말씀과 예수를
증언하였음으로 말미암아 밧모라
하는 섬에 있었더니
10 주의 날에 내가 성령에 감동되어
내 뒤에서 나는 나팔 소리 같은 큰
음성을 들으니
11 이르되 네가 보는 것을 두루마리
에 써서 에베소, 서머나, 버가모,
두아디라, 사데, 빌라델비아, 라오
디게아 등 일곱 교회에 보내라 하
시기로

6】

7】

8】

9】

10】

11】

12 몸을 돌이켜 나에게 말한 음성을
알아 보려고 돌이킬 때에 일곱 금
촛대를 보았는데
13 촛대 사이에 인자 같은 이가 발
에 끌리는 옷을 입고 가슴에 금띠
를 띠고
14 그의 머리와 털의 희기가 흰 양
털 같고 눈 같으며 그의 눈은 불
꽃 같고
15 그의 발은 풀무불에 단련한 빛난
주석 같고 그의 음성은 많은 물 소
리와 같으며
16 그의 오른손에 일곱 별이 있고 그
의 입에서 좌우에 날선 검이 나오
고 그 얼굴은 해가 힘있게 비치는
것 같더라
17 내가 볼 때에 그의 발 앞에 엎드
러져 죽은 자 같이 되매 그가 오
른손을 내게 얹고 이르시되 두려
워하지 말라 나는 처음이요 마지
막이니
18 곧 살아 있는 자라 내가 전에 죽
었었노라 볼지어다 이제 세세토
록 살아 있어 사망과 음부의 열쇠
를 가졌노니
19 그러므로 네가 본 것과 지금 있는
일과 장차 될 일을 기록하라

12】

13】

14】

15】

16】

17】

18】

19】

20 네가 본 것은 내 오른손의 일곱 별
의 비밀과 또 일곱 금 촛대라 일곱
별은 일곱 교회의 사자요 일곱 촛
대는 일곱 교회니라

20】

에베소 교회에 보내는 말씀

2 1 에베소 교회의 사자에게 편지
하라 오른손에 있는 일곱 별을
붙잡고 일곱 금 촛대 사이를 거니
시는 이가 이르시되
2 내가 네 행위와 수고와 네 인내를
알고 또 악한 자들을 용납하지 아
니한 것과 자칭 사도라 하되 아닌
자들을 시험하여 그의 거짓된 것
을 네가 드러낸 것과
3 또 네가 참고 내 이름을 위하여 견
디고 게으르지 아니한 것을 아노라
4 그러나 너를 책망할 것이 있나니
너의 처음 사랑을 버렸느니라
5 그러므로 어디서 떨어졌는지를 생
각하고 회개하여 처음 행위를 가
지라 만일 그리하지 아니하고 회
개하지 아니하면 내가 네게 가서
네 촛대를 그 자리에서 옮기리라
6 오직 네게 이것이 있으니 네가 니
골라 당의 행위를 미워하는도다
나도 이것을 미워하노라

1】

2】

3】

4】

5】

6】

7 귀 있는 자는 성령이 교회들에게
하시는 말씀을 들을지어다 이기
는 그에게는 내가 하나님의 낙원
에 있는 생명나무의 열매를 주어
먹게 하리라

7】

서머나 교회에 보내는 말씀

8 ○ 서머나 교회의 사자에게 편지
하라 처음이며 마지막이요 죽었
다가 살아나신 이가 이르시되
9 내가 네 환난과 궁핍을 알거니와
실상은 네가 부요한 자니라 자칭
유대인이라 하는 자들의 비방도
알거니와 실상은 유대인이 아니
요 사탄의 회당이라
10 너는 장차 받을 고난을 두려워하
지 말라 볼지어다 마귀가 장차 너
희 가운데에서 몇 사람을 옥에 던
져 시험을 받게 하리니 너희가 십
일 동안 환난을 받으리라 네가 죽
도록 충성하라 그리하면 내가 생
명의 관을 네게 주리라
11 귀 있는 자는 성령이 교회들에게
하시는 말씀을 들을지어다 이기
는 자는 둘째 사망의 해를 받지
아니하리라

8】

9】

10】

11】

버가모 교회에 보내는 말씀

12 ○ 버가모 교회의 사자에게 편지

12】

하라 좌우에 날선 검을 가지신 이
가 이르시되
13 네가 어디에 사는지를 내가 아노
니 거기는 사탄의 권좌가 있는 데
라 네가 내 이름을 굳게 잡아서 내
충성된 증인 안디바가 너희 가운
데 곧 사탄이 사는 곳에서 죽임을
당할 때에도 나를 믿는 믿음을 저
버리지 아니하였도다
14 그러나 네게 두어 가지 책망할 것
이 있나니 거기 네게 발람의 교훈
을 지키는 자들이 있도다 발람이
발락을 가르쳐 이스라엘 자손 앞에
걸림돌을 놓아 우상의 제물을 먹게
하였고 또 행음하게 하였느니라
15 이와 같이 네게도 니골라 당의 교
훈을 지키는 자들이 있도다
16 그러므로 회개하라 그리하지 아
니하면 내가 네게 속히 가서 내
입의 검으로 그들과 싸우리라
17 귀 있는 자는 성령이 교회들에게
하시는 말씀을 들을지어다 이기
는 그에게는 내가 감추었던 만나
를 주고 또 흰 돌을 줄 터인데 그
돌 위에 새 이름을 기록한 것이 있
나니 받는 자 밖에는 그 이름을 알
사람이 없느니라

13】

14】

15】

16】

17】

두아디라 교회에 보내는 말씀

18 ○ 두아디라 교회의 사자에게 편
지하라 그 눈이 불꽃 같고 그 발
이 빛난 주석과 같은 하나님의 아
들이 이르시되
19 내가 네 사업과 사랑과 믿음과 섬
김과 인내를 아노니 네 나중 행위
가 처음 것보다 많도다
20 그러나 네게 책망할 일이 있노라
자칭 선지자라 하는 여자 이세벨
을 네가 용납함이니 그가 내 종들
을 가르쳐 꾀어 행음하게 하고 우
상의 제물을 먹게 하는도다
21 또 내가 그에게 회개할 기회를 주
었으되 자기의 음행을 회개하고
자 하지 아니하는도다
22 볼지어다 내가 그를 침상에 던질
터이요 또 그와 더불어 간음하는
자들도 만일 그의 행위를 회개하지
아니하면 큰 환난 가운데에 던지고
23 또 내가 사망으로 그의 자녀를 죽
이리니 모든 교회가 나는 사람의
뜻과 마음을 살피는 자인 줄 알지
라 내가 너희 각 사람의 행위대로
갚아 주리라
24 두아디라에 남아 있어 이 교훈을
받지 아니하고 소위 사탄의 깊은

18】

19】

20】

21】

22】

23】

24】

것을 알지 못하는 너희에게 말하
노니 다른 짐으로 너희에게 지울
것은 없노라
25 다만 너희에게 있는 것을 내가 올
때까지 굳게 잡으라
26 이기는 자와 끝까지 내 일을 지키
는 그에게 만국을 다스리는 권세
를 주리니
27 그가 철장을 가지고 그들을 다스
려 질그릇 깨뜨리는 것과 같이 하
리라 나도 내 아버지께 받은 것이
그러하니라
28 내가 또 그에게 새벽 별을 주리라
29 귀 있는 자는 성령이 교회들에게
하시는 말씀을 들을지어다

25】

26】

27】

28】

29】

사데 교회에 보내는 말씀

3 1 사데 교회의 사자에게 편지하
라 하나님의 일곱 영과 일곱 별
을 가지신 이가 이르시되 내가 네
행위를 아노니 네가 살았다 하는
이름은 가졌으나 죽은 자로다
2 너는 일깨어 그 남은 바 죽게 된
것을 굳건하게 하라 내 하나님 앞
에 네 행위의 온전한 것을 찾지 못
하였노니
3 그러므로 네가 어떻게 받았으며

1】

2】

3】

어떻게 들었는지 생각하고 지켜
회개하라 만일 일깨지 아니하면 내
가 도둑 같이 이르리니 어느 때에
네게 이를는지 네가 알지 못하리라
4 그러나 사데에 그 옷을 더럽히지
아니한 자 몇 명이 네게 있어 흰
옷을 입고 나와 함께 다니리니 그
들은 합당한 자인 연고라
5 이기는 자는 이와 같이 흰 옷을 입
을 것이요 내가 그 이름을 생명책
에서 결코 지우지 아니하고 그 이
름을 내 아버지 앞과 그의 천사들
앞에서 시인하리라
6 귀 있는 자는 성령이 교회들에게
하시는 말씀을 들을지어다

빌라델비아 교회에 보내는 말씀

7 ○ 빌라델비아 교회의 사자에게
편지하라 거룩하고 진실하사 다
윗의 열쇠를 가지신 이 곧 열면
닫을 사람이 없고 닫으면 열 사람
이 없는 그가 이르시되
8 볼지어다 내가 네 앞에 열린 문을
두었으되 능히 닫을 사람이 없으
리라 내가 네 행위를 아노니 네가
작은 능력을 가지고서도 내 말을
지키며 내 이름을 배반하지 아니
하였도다

4】

5】

6】

7】

8】

9 보라 사탄의 회당 곧 자칭 유대인
이라 하나 그렇지 아니하고 거짓
말 하는 자들 중에서 몇을 네게 주
어 그들로 와서 네 발 앞에 절하게
하고 내가 너를 사랑하는 줄을 알
게 하리라
10 네가 나의 인내의 말씀을 지켰은
즉 내가 또한 너를 지켜 시험의 때
를 면하게 하리니 이는 장차 온 세
상에 임하여 땅에 거하는 자들을
시험할 때라
11 내가 속히 오리니 네가 가진 것을
굳게 잡아 아무도 네 면류관을 빼
앗지 못하게 하라
12 이기는 자는 내 하나님 성전에 기
둥이 되게 하리니 그가 결코 다
시 나가지 아니하리라 내가 하나
님의 이름과 하나님의 성 곧 하늘
에서 내 하나님께로부터 내려오
는 새 예루살렘의 이름과 나의 새
이름을 그이 위에 기록하리라
13 귀 있는 자는 성령이 교회들에게
하시는 말씀을 들을지어다

라오디게아 교회에 보내는 말씀

14 ○ 라오디게아 교회의 사자에게
편지하라 아멘이시요 충성되고
참된 증인이시요 하나님의 창조

9】

10】

11】

12】

13】

14】

의 근본이신 이가 이르시되
15 내가 네 행위를 아노니 네가 차지
도 아니하고 뜨겁지도 아니하도
다 네가 차든지 뜨겁든지 하기를
원하노라
16 네가 이같이 미지근하여 뜨겁지
도 아니하고 차지도 아니하니 내
입에서 너를 토하여 버리리라
17 네가 말하기를 나는 부자라 부요
하여 부족한 것이 없다 하나 네 곤
고한 것과 가련한 것과 가난한 것
과 눈 먼 것과 벌거벗은 것을 알지
못하는도다
18 내가 너를 권하노니 내게서 불로
연단한 금을 사서 부요하게 하고
흰 옷을 사서 입어 벌거벗은 수치
를 보이지 않게 하고 안약을 사서
눈에 발라 보게 하라
19 무릇 내가 사랑하는 자를 책망하
여 징계하노니 그러므로 네가 열
심을 내라 회개하라
20 볼지어다 내가 문 밖에 서서 두드
리노니 누구든지 내 음성을 듣고
문을 열면 내가 그에게로 들어가
그와 더불어 먹고 그는 나와 더불
어 먹으리라
21 이기는 그에게는 내가 내 보좌에

15】

16】

17】

18】

19】

20】

21】

함께 앉게 하여 주기를 내가 이기
고 아버지 보좌에 함께 앉은 것과
같이 하리라
22 귀 있는 자는 성령이 교회들에게
하시는 말씀을 들을지어다

하늘의 예배

4

1 이 일 후에 내가 보니 하늘에
열린 문이 있는데 내가 들은 바
처음에 내게 말하던 나팔 소리 같
은 그 음성이 이르되 이리로 올라
오라 이 후에 마땅히 일어날 일들
을 내가 네게 보이리라 하시더라
2 내가 곧 성령에 감동되었더니 보
라 하늘에 보좌를 베풀었고 그 보
좌 위에 앉으신 이가 있는데
3 앉으신 이의 모양이 벽옥과 홍보석
같고 또 무지개가 있어 보좌에 둘
렸는데 그 모양이 녹보석 같더라
4 또 보좌에 둘려 이십사 보좌들이
있고 그 보좌들 위에 이십사 장로
들이 흰 옷을 입고 머리에 금관을
쓰고 앉았더라
5 보좌로부터 번개와 음성과 우렛
소리가 나고 보좌 앞에 켠 등불
일곱이 있으니 이는 하나님의 일
곱 영이라

6 보좌 앞에 수정과 같은 유리 바다
가 있고 보좌 가운데와 보좌 주위
에 네 생물이 있는데 앞뒤에 눈들
이 가득하더라
7 그 첫째 생물은 사자 같고 그 둘째
생물은 송아지 같고 그 셋째 생물
은 얼굴이 사람 같고 그 넷째 생물
은 날아가는 독수리 같은데
8 네 생물은 각각 여섯 날개를 가졌
고 그 안과 주위에는 눈들이 가득
하더라 그들이 밤낮 쉬지 않고 이
르기를 거룩하다 거룩하다 거룩
하다 주 하나님 곧 전능하신 이여
전에도 계셨고 이제도 계시고 장
차 오실 이시라 하고
9 그 생물들이 보좌에 앉으사 세세
토록 살아 계시는 이에게 영광과
존귀와 감사를 돌릴 때에
10 이십사 장로들이 보좌에 앉으신
이 앞에 엎드려 세세토록 살아 계
시는 이에게 경배하고 자기의 관
을 보좌 앞에 드리며 이르되
11 우리 주 하나님이여 영광과 존귀
와 권능을 받으시는 것이 합당하
오니 주께서 만물을 지으신지라
만물이 주의 뜻대로 있었고 또 지
으심을 받았나이다 하더라

6】

7】

8】

9】

10】

11】

년 월 일

책과 어린 양

5

1 내가 보매 보좌에 앉으신 이의
오른손에 두루마리가 있으니
안팎으로 썼고 일곱 인으로 봉하
였더라
2 또 보매 힘있는 천사가 큰 음성
으로 외치기를 누가 그 두루마리
를 펴며 그 인을 떼기에 합당하
냐 하나
3 하늘 위에나 땅 위에나 땅 아래에
능히 그 두루마리를 펴거나 보거
나 할 자가 없더라
4 그 두루마리를 펴거나 보거나 하
기에 합당한 자가 보이지 아니하
기로 내가 크게 울었더니
5 장로 중의 한 사람이 내게 말하되
울지 말라 유대 지파의 사자 다윗
의 뿌리가 이겼으니 그 두루마리
와 그 일곱 인을 떼시리라 하더라
6 내가 또 보니 보좌와 네 생물과 장
로들 사이에 한 어린 양이 서 있는
데 일찍이 죽임을 당한 것 같더라
그에게 일곱 뿔과 일곱 눈이 있으
니 이 눈들은 온 땅에 보내심을 받
은 하나님의 일곱 영이더라
7 그 어린 양이 나아와서 보좌에 앉
으신 이의 오른손에서 두루마리

1】

2】

3】

4】

5】

6】

7】

를 취하시니라
8 그 두루마리를 취하시매 네 생물
과 이십사 장로들이 그 어린 양 앞
에 엎드려 각각 거문고와 향이 가
득한 금 대접을 가졌으니 이 향은
성도의 기도들이라
9 그들이 새 노래를 불러 이르되 두
루마리를 가지시고 그 인봉을 떼
기에 합당하시도다 일찍이 죽임을
당하사 각 족속과 방언과 백성과
나라 가운데에서 사람들을 피로
사서 하나님께 드리시고
10 그들로 우리 하나님 앞에서 나라
와 제사장들을 삼으셨으니 그들이
땅에서 왕 노릇 하리로다 하더라
11 내가 또 보고 들으매 보좌와 생물
들과 장로들을 둘러 선 많은 천사
의 음성이 있으니 그 수가 만만이
요 천천이라
12 큰 음성으로 이르되 죽임을 당하
신 어린 양은 능력과 부와 지혜와
힘과 존귀와 영광과 찬송을 받으
시기에 합당하도다 하더라
13 내가 또 들으니 하늘 위에와 땅 위
에와 땅 아래와 바다 위에와 또 그
가운데 모든 피조물이 이르되 보
좌에 앉으신 이와 어린 양에게 찬

8】

9】

10】

11】

12】

13】

송과 존귀와 영광과 권능을 세세
토록 돌릴지어다 하니
14 네 생물이 이르되 아멘 하고 장로
들은 엎드려 경배하더라

14】

일곱 봉인에 담긴 심판

6

1 내가 보매 어린 양이 일곱 인
중의 하나를 떼시는데 그 때에
내가 들으니 네 생물 중의 하나
가 우렛소리 같이 말하되 오라 하
기로
2 이에 내가 보니 흰 말이 있는데 그
탄 자가 활을 가졌고 면류관을 받
고 나아가서 이기고 또 이기려고
하더라
3 ○ 둘째 인을 떼실 때에 내가 들으
니 둘째 생물이 말하되 오라 하니
4 이에 다른 붉은 말이 나오더라 그
탄 자가 허락을 받아 땅에서 화평
을 제하여 버리며 서로 죽이게 하
고 또 큰 칼을 받았더라
5 ○ 셋째 인을 떼실 때에 내가 들으
니 셋째 생물이 말하되 오라 하기
로 내가 보니 검은 말이 나오는데
그 탄 자가 손에 저울을 가졌더라
6 내가 네 생물 사이로부터 나는 듯
한 음성을 들으니 이르되 한 데나

1】

2】

3】

4】

5】

6】

년 월 일

리온에 밀 한 되요 한 데나리온에
보리 석 되로다 또 감람유와 포도
주는 해치지 말라 하더라
7 ○ 넷째 인을 떼실 때에 내가 넷째
생물의 음성을 들으니 말하되 오
라 하기로
8 내가 보매 청황색 말이 나오는데 그
탄 자의 이름은 사망이니 음부가 그
뒤를 따르더라 그들이 땅 사분의 일
의 권세를 얻어 검과 흉년과 사망과
땅의 짐승들로써 죽이더라
9 ○ 다섯째 인을 떼실 때에 내가 보
니 하나님의 말씀과 그들이 가진
증거로 말미암아 죽임을 당한 영
혼들이 제단 아래에 있어
10 큰 소리로 불러 이르되 거룩하고
참되신 대주재여 땅에 거하는 자
들을 심판하여 우리 피를 갚아 주
지 아니하시기를 어느 때까지 하
시려 하나이까 하니
11 각각 그들에게 흰 두루마기를 주
시며 이르시되 아직 잠시 동안 쉬
되 그들의 동무 종들과 형제들도
자기처럼 죽임을 당하여 그 수가
차기까지 하라 하시더라
12 ○ 내가 보니 여섯째 인을 떼실 때
에 큰 지진이 나며 해가 검은 털로

7】

8】

9】

10】

11】

12】

짠 상복 같이 검어지고 달은 온통
피 같이 되며
13 하늘의 별들이 무화과나무가 대
풍에 흔들려 설익은 열매가 떨어
지는 것 같이 땅에 떨어지며
14 하늘은 두루마리가 말리는 것 같
이 떠나가고 각 산과 섬이 제 자리
에서 옮겨지매
15 땅의 임금들과 왕족들과 장군들
과 부자들과 강한 자들과 모든 종
과 자유인이 굴과 산들의 바위 틈
에 숨어
16 산들과 바위에게 말하되 우리 위
에 떨어져 보좌에 앉으신 이의 얼
굴에서와 그 어린 양의 진노에서
우리를 가리라
17 그들의 진노의 큰 날이 이르렀으
니 누가 능히 서리요 하더라

13】

14】

15】

16】

17】

인치심을 받은 십사만 사천 명

7 1 이 일 후에 내가 네 천사가 땅
네 모퉁이에 선 것을 보니 땅의
사방의 바람을 붙잡아 바람으로
하여금 땅에나 바다에나 각종 나
무에 불지 못하게 하더라
2 또 보매 다른 천사가 살아 계신 하
나님의 인을 가지고 해 돋는 데로

1】

2】

부터 올라와서 땅과 바다를 해롭
게 할 권세를 받은 네 천사를 향하
여 큰 소리로 외쳐
3 이르되 우리가 우리 하나님의 종들
의 이마에 인치기까지 땅이나 바다
나 나무들을 해하지 말라 하더라
4 내가 인침을 받은 자의 수를 들으
니 이스라엘 자손의 각 지파 중에
서 인침을 받은 자들이 십사만 사
천이니

각 나라에서 온 무리

5 ○ 유다 지파 중에 인침을 받은 자
가 일만 이천이요 르우벤 지파 중
에 일만 이천이요 갓 지파 중에 일
만 이천이요
6 아셀 지파 중에 일만 이천이요 납
달리 지파 중에 일만 이천이요 므
낫세 지파 중에 일만 이천이요
7 시므온 지파 중에 일만 이천이요
레위 지파 중에 일만 이천이요 잇
사갈 지파 중에 일만 이천이요
8 스불론 지파 중에 일만 이천이요
요셉 지파 중에 일만 이천이요 베
냐민 지파 중에 인침을 받은 자가
일만 이천이라
9 이 일 후에 내가 보니 각 나라와
족속과 백성과 방언에서 아무도

3】

4】

5】

6】

7】

8】

9】

능히 셀 수 없는 큰 무리가 나와
흰 옷을 입고 손에 종려 가지를 들
고 보좌 앞과 어린 양 앞에 서서
10 큰 소리로 외쳐 이르되 구원하심
이 보좌에 앉으신 우리 하나님과
어린 양에게 있도다 하니
11 모든 천사가 보좌와 장로들과 네
생물의 주위에 서 있다가 보좌 앞
에 엎드려 얼굴을 대고 하나님께
경배하여
12 이르되 아멘 찬송과 영광과 지혜
와 감사와 존귀와 권능과 힘이 우
리 하나님께 세세토록 있을지어
다 아멘 하더라
13 장로 중 하나가 응답하여 나에게
이르되 이 흰 옷 입은 자들이 누구
며 또 어디서 왔느냐
14 내가 말하기를 내 주여 당신이 아
시나이다 하니 그가 나에게 이르
되 이는 큰 환난에서 나오는 자들
인데 어린 양의 피에 그 옷을 씻어
희게 하였느니라
15 그러므로 그들이 하나님의 보좌
앞에 있고 또 그의 성전에서 밤낮
하나님을 섬기매 보좌에 앉으신
이가 그들 위에 장막을 치시리니
16 그들이 다시는 주리지도 아니하

10】

11】

12】

13】

14】

15】

16】

며 목마르지도 아니하고 해나 아
무 뜨거운 기운에 상하지도 아니
하리니
17 이는 보좌 가운데에 계신 어린 양
이 그들의 목자가 되사 생명수 샘
으로 인도하시고 하나님께서 그
들의 눈에서 모든 눈물을 씻어 주
실 것임이라

17】

일곱째 봉인과 금 향로

8 1 일곱째 인을 떼실 때에 하늘이
반 시간쯤 고요하더니
2 내가 보매 하나님 앞에 일곱 천사
가 서 있어 일곱 나팔을 받았더라
3 ○ 또 다른 천사가 와서 제단 곁에
서서 금 향로를 가지고 많은 향을
받았으니 이는 모든 성도의 기도
와 합하여 보좌 앞 금 제단에 드리
고자 함이라
4 향연이 성도의 기도와 함께 천사
의 손으로부터 하나님 앞으로 올
라가는지라
5 천사가 향로를 가지고 제단의 불
을 담아다가 땅에 쏟으매 우레와
음성과 번개와 지진이 나더라

나팔 소리

6 ○ 일곱 나팔을 가진 일곱 천사가

1】
2】
3】
4】
5】
6】

년 월 일

나팔 불기를 준비하더라
7 ○ 첫째 천사가 나팔을 부니 피 섞
인 우박과 불이 나와서 땅에 쏟아
지매 땅의 삼분의 일이 타 버리고
수목의 삼분의 일도 타 버리고 각
종 푸른 풀도 타 버렸더라
8 ○ 둘째 천사가 나팔을 부니 불 붙는
큰 산과 같은 것이 바다에 던져지매
바다의 삼분의 일이 피가 되고
9 바다 가운데 생명 가진 피조물들
의 삼분의 일이 죽고 배들의 삼분
의 일이 깨지더라
10 ○ 셋째 천사가 나팔을 부니 횃불
같이 타는 큰 별이 하늘에서 떨어
져 강들의 삼분의 일과 여러 물샘
에 떨어지니
11 이 별 이름은 쓴 쑥이라 물의 삼분
의 일이 쓴 쑥이 되매 그 물이 쓴
물이 되므로 많은 사람이 죽더라
12 ○ 넷째 천사가 나팔을 부니 해 삼
분의 일과 달 삼분의 일과 별들의
삼분의 일이 타격을 받아 그 삼분
의 일이 어두워지니 낮 삼분의 일
은 비추임이 없고 밤도 그러하더라
13 ○ 내가 또 보고 들으니 공중에 날
아가는 독수리가 큰 소리로 이르
되 땅에 사는 자들에게 화, 화, 화

7】

8】

9】

10】

11】

12】

13】

가 있으리니 이는 세 천사들이 불
어야 할 나팔 소리가 남아 있음이
로다 하더라

9

1 다섯째 천사가 나팔을 불매 내
가 보니 하늘에서 땅에 떨어진
별 하나가 있는데 그가 무저갱의
열쇠를 받았더라
2 그가 무저갱을 여니 그 구멍에서
큰 화덕의 연기 같은 연기가 올라
오매 해와 공기가 그 구멍의 연기
로 말미암아 어두워지며
3 또 황충이 연기 가운데로부터 땅
위에 나오매 그들이 땅에 있는
전갈의 권세와 같은 권세를 받았
더라
4 그들에게 이르시되 땅의 풀이나
푸른 것이나 각종 수목은 해하지
말고 오직 이마에 하나님의 인침
을 받지 아니한 사람들만 해하라
하시더라
5 그러나 그들을 죽이지는 못하게
하시고 다섯 달 동안 괴롭게만 하
게 하시는데 그 괴롭게 함은 전갈
이 사람을 쏠 때에 괴롭게 함과
같더라
6 그 날에는 사람들이 죽기를 구하

여도 죽지 못하고 죽고 싶으나 죽
음이 그들을 피하리로다
7 황충들의 모양은 전쟁을 위하여
준비한 말들 같고 그 머리에 금
같은 관 비슷한 것을 썼으며 그 얼
굴은 사람의 얼굴 같고
8 또 여자의 머리털 같은 머리털이
있고 그 이빨은 사자의 이빨 같
으며
9 또 철 호심경 같은 호심경이 있
고 그 날개들의 소리는 병거와 많
은 말들이 전쟁터로 달려 들어가
는 소리 같으며
10 또 전갈과 같은 꼬리와 쏘는 살이
있어 그 꼬리에는 다섯 달 동안 사
람들을 해하는 권세가 있더라
11 그들에게 왕이 있으니 무저갱의
사자라 히브리어로는 그 이름이
아바돈이요 헬라어로는 그 이름
이 아볼루온이더라
12 ○ 첫째 화는 지나갔으나 보라 아
직도 이 후에 화 둘이 이르리로다
13 ○ 여섯째 천사가 나팔을 불매 내
가 들으니 하나님 앞 금 제단 네
뿔에서 한 음성이 나서
14 나팔 가진 여섯째 천사에게 말하
기를 큰 강 유브라데에 결박한 네

7】
8】
9】
10】
11】
12】
13】
14】

천사를 놓아 주라 하매
15 네 천사가 놓였으니 그들은 그 년
월 일 시에 이르러 사람 삼분의 일
을 죽이기로 준비된 자들이더라
16 마병대의 수는 이만 만이니 내가
그들의 수를 들었노라
17 이같은 환상 가운데 그 말들과 그
위에 탄 자들을 보니 불빛과 자줏
빛과 유황빛 호심경이 있고 또 말
들의 머리는 사자 머리 같고 그
입에서는 불과 연기와 유황이 나
오더라
18 이 세 재앙 곧 자기들의 입에서 나
오는 불과 연기와 유황으로 말미
암아 사람 삼분의 일이 죽임을 당
하니라
19 이 말들의 힘은 입과 꼬리에 있으
니 꼬리는 뱀 같고 또 꼬리에 머리
가 있어 이것으로 해하더라
20 이 재앙에 죽지 않고 남은 사람들
은 손으로 행한 일을 회개하지 아
니하고 오히려 여러 귀신과 또는
보거나 듣거나 다니거나 하지 못
하는 금, 은, 동과 목석의 우상에
게 절하고
21 또 그 살인과 복술과 음행과 도둑
질을 회개하지 아니하더라

15】

16】

17】

18】

19】

20】

21】

천사와 작은 책

10
1 내가 또 보니 힘 센 다른 천사
가 구름을 입고 하늘에서 내려
오는데 그 머리 위에 무지개가 있
고 그 얼굴은 해 같고 그 발은 불
기둥 같으며
2 그 손에는 펴 놓인 작은 두루마리
를 들고 그 오른 발은 바다를 밟고
왼 발은 땅을 밟고
3 사자가 부르짖는 것 같이 큰 소리
로 외치니 그가 외칠 때에 일곱 우
레가 그 소리를 내어 말하더라
4 일곱 우레가 말을 할 때에 내가 기
록하려고 하다가 곧 들으니 하늘
에서 소리가 나서 말하기를 일곱
우레가 말한 것을 인봉하고 기록
하지 말라 하더라
5 내가 본 바 바다와 땅을 밟고 서
있는 천사가 하늘을 향하여 오른
손을 들고
6 세세토록 살아 계신 이 곧 하늘과
그 가운데에 있는 물건이며 땅과
그 가운데에 있는 물건이며 바다
와 그 가운데에 있는 물건을 창조
하신 이를 가리켜 맹세하여 이르
되 지체하지 아니하리니
7 일곱째 천사가 소리 내는 날 그의

1】

2】

3】

4】

5】

6】

7】

나팔을 불려고 할 때에 하나님이
그의 종 선지자들에게 전하신 복
음과 같이 하나님의 그 비밀이 이
루어지리라 하더라
8 하늘에서 나서 내게 들리던 음성
이 또 내게 말하여 이르되 네가 가
서 바다와 땅을 밟고 서 있는 천사
의 손에 펴 놓인 두루마리를 가지
라 하기로
9 내가 천사에게 나아가 작은 두루
마리를 달라 한즉 천사가 이르되
갖다 먹어 버리라 네 배에는 쓰나
네 입에는 꿀 같이 달리라 하거늘
10 내가 천사의 손에서 작은 두루마
리를 갖다 먹어 버리니 내 입에는
꿀 같이 다나 먹은 후에 내 배에서
는 쓰게 되더라
11 그가 내게 말하기를 네가 많은 백
성과 나라와 방언과 임금에게 다
시 예언하여야 하리라 하더라

8】

9】

10】

11】

두 증인

11

1 또 내게 지팡이 같은 갈대를 주
며 말하기를 일어나서 하나님의
성전과 제단과 그 안에서 경배하
는 자들을 측량하되
2 성전 바깥 마당은 측량하지 말고

1】

2】

그냥 두라 이것은 이방인에게 주
었은즉 그들이 거룩한 성을 마흔
두 달 동안 짓밟으리라
3 내가 나의 두 증인에게 권세를 주
리니 그들이 굵은 베옷을 입고 천
이백육십 일을 예언하리라
4 그들은 이 땅의 주 앞에 서 있는
두 감람나무와 두 촛대니
5 만일 누구든지 그들을 해하고자 하
면 그들의 입에서 불이 나와서 그
들의 원수를 삼켜 버릴 것이요 누
구든지 그들을 해하고자 하면 반
드시 그와 같이 죽임을 당하리라
6 그들이 권능을 가지고 하늘을 닫
아 그 예언을 하는 날 동안 비가
오지 못하게 하고 또 권능을 가지
고 물을 피로 변하게 하고 아무 때
든지 원하는 대로 여러 가지 재앙
으로 땅을 치리로다
7 그들이 그 증언을 마칠 때에 무저
갱으로부터 올라오는 짐승이 그
들과 더불어 전쟁을 일으켜 그들
을 이기고 그들을 죽일 터인즉
8 그들의 시체가 큰 성 길에 있으리
니 그 성은 영적으로 하면 소돔이
라고도 하고 애굽이라고도 하니
곧 그들의 주께서 십자가에 못 박

3】

4】

5】

6】

7】

8】

히신 곳이라
9 백성들과 족속과 방언과 나라 중
에서 사람들이 그 시체를 사흘 반
동안을 보며 무덤에 장사하지 못
하게 하리로다
10 이 두 선지자가 땅에 사는 자들을
괴롭게 한 고로 땅에 사는 자들
이 그들의 죽음을 즐거워하고 기
뻐하여 서로 예물을 보내리라 하
더라
11 삼 일 반 후에 하나님께로부터 생
기가 그들 속에 들어가매 그들이
발로 일어서니 구경하는 자들이
크게 두려워하더라
12 하늘로부터 큰 음성이 있어 이리
로 올라오라 함을 그들이 듣고 구
름을 타고 하늘로 올라가니 그들
의 원수들도 구경하더라
13 그 때에 큰 지진이 나서 성 십분
의 일이 무너지고 지진에 죽은 사
람이 칠천이라 그 남은 자들이 두
려워하여 영광을 하늘의 하나님
께 돌리더라
14 ○ 둘째 화는 지나갔으나 보라 셋
째 화가 속히 이르는도다

일곱째 나팔 소리

15 ○ 일곱째 천사가 나팔을 불매 하

9】

10】

11】

12】

13】

14】

15】

늘에 큰 음성들이 나서 이르되 세
상 나라가 우리 주와 그의 그리스
도의 나라가 되어 그가 세세토록
왕 노릇 하시리로다 하니
16 하나님 앞에서 자기 보좌에 앉아
있던 이십사 장로가 엎드려 얼굴
을 땅에 대고 하나님께 경배하여
17 이르되 감사하옵나니 옛적에도
계셨고 지금도 계신 주 하나님 곧
전능하신 이여 친히 큰 권능을 잡
으시고 왕 노릇 하시도다
18 이방들이 분노하매 주의 진노가
내려 죽은 자를 심판하시며 종 선
지자들과 성도들과 또 작은 자든
지 큰 자든지 주의 이름을 경외하
는 자들에게 상 주시며 또 땅을 망
하게 하는 자들을 멸망시키실 때
로소이다 하더라
19 ○ 이에 하늘에 있는 하나님의 성전
이 열리니 성전 안에 하나님의 언
약궤가 보이며 또 번개와 음성들과
우레와 지진과 큰 우박이 있더라

16】

17】

18】

19】

여자와 용

12

1 하늘에 큰 이적이 보이니 해를
옷 입은 한 여자가 있는데 그
발 아래에는 달이 있고 그 머리에

1】

는 열두 별의 관을 썼더라
2 이 여자가 아이를 배어 해산하게 되
매 아파서 애를 쓰며 부르짖더라
3 하늘에 또 다른 이적이 보이니 보
라 한 큰 붉은 용이 있어 머리가
일곱이요 뿔이 열이라 그 여러 머
리에 일곱 왕관이 있는데
4 그 꼬리가 하늘의 별 삼분의 일을
끌어다가 땅에 던지더라 용이 해
산하려는 여자 앞에서 그가 해산
하면 그 아이를 삼키고자 하더니
5 여자가 아들을 낳으니 이는 장차
철장으로 만국을 다스릴 남자라
그 아이를 하나님 앞과 그 보좌
앞으로 올려가더라
6 그 여자가 광야로 도망하매 거기
서 천이백육십 일 동안 그를 양육
하기 위하여 하나님께서 예비하
신 곳이 있더라
7 ○ 하늘에 전쟁이 있으니 미가엘
과 그의 사자들이 용과 더불어 싸
울새 용과 그의 사자들도 싸우나
8 이기지 못하여 다시 하늘에서 그
들이 있을 곳을 얻지 못한지라
9 큰 용이 내쫓기니 옛 뱀 곧 마귀라
고도 하고 사탄이라고도 하며 온
천하를 꾀는 자라 그가 땅으로 내

2】 3】 4】 5】 6】 7】 8】 9】

쫓기니 그의 사자들도 그와 함께
내쫓기니라
10 내가 또 들으니 하늘에 큰 음성이
있어 이르되 이제 우리 하나님의
구원과 능력과 나라와 또 그의 그
리스도의 권세가 나타났으니 우
리 형제들을 참소하던 자 곧 우리
하나님 앞에서 밤낮 참소하던 자
가 쫓겨났고
11 또 우리 형제들이 어린 양의 피
와 자기들이 증언하는 말씀으로
써 그를 이겼으니 그들은 죽기까
지 자기들의 생명을 아끼지 아니
하였도다
12 그러므로 하늘과 그 가운데에 거
하는 자들은 즐거워하라 그러나
땅과 바다는 화 있을진저 이는 마
귀가 자기의 때가 얼마 남지 않은
줄을 알므로 크게 분내어 너희에
게 내려갔음이라 하더라
13 ○ 용이 자기가 땅으로 내쫓긴 것
을 보고 남자를 낳은 여자를 박해
하는지라
14 그 여자가 큰 독수리의 두 날개를
받아 광야 자기 곳으로 날아가 거
기서 그 뱀의 낯을 피하여 한 때와
두 때와 반 때를 양육 받으매

10】

11】

12】

13】

14】

15 여자의 뒤에서 뱀이 그 입으로 물
을 강 같이 토하여 여자를 물에 떠
내려 가게 하려 하되
16 땅이 여자를 도와 그 입을 벌려 용
의 입에서 토한 강물을 삼키니
17 용이 여자에게 분노하여 돌아가
서 그 여자의 남은 자손 곧 하나
님의 계명을 지키며 예수의 증거
를 가진 자들과 더불어 싸우려고
바다 모래 위에 서 있더라

15】

16】

17】

짐승 두 마리

13 1 내가 보니 바다에서 한 짐승이
나오는데 뿔이 열이요 머리가
일곱이라 그 뿔에는 열 왕관이 있
고 그 머리들에는 신성 모독 하는
이름들이 있더라
2 내가 본 짐승은 표범과 비슷하고
그 발은 곰의 발 같고 그 입은 사자
의 입 같은데 용이 자기의 능력과
보좌와 큰 권세를 그에게 주었더라
3 그의 머리 하나가 상하여 죽게 된
것 같더니 그 죽게 되었던 상처가
나으매 온 땅이 놀랍게 여겨 짐승
을 따르고
4 용이 짐승에게 권세를 주므로 용
에게 경배하며 짐승에게 경배하

1】

2】

3】

4】

여 이르되 누가 이 짐승과 같으
냐 누가 능히 이와 더불어 싸우리
요 하더라
5 또 짐승이 과장되고 신성 모독을
말하는 입을 받고 또 마흔두 달 동
안 일할 권세를 받으니라
6 짐승이 입을 벌려 하나님을 향하
여 비방하되 그의 이름과 그의 장
막 곧 하늘에 사는 자들을 비방하
더라
7 또 권세를 받아 성도들과 싸워 이
기게 되고 각 족속과 백성과 방언
과 나라를 다스리는 권세를 받으니
8 죽임을 당한 어린 양의 생명책에
창세 이후로 이름이 기록되지 못
하고 이 땅에 사는 자들은 다 그
짐승에게 경배하리라
9 누구든지 귀가 있거든 들을지어다
10 사로잡힐 자는 사로잡혀 갈 것이
요 칼에 죽을 자는 마땅히 칼에 죽
을 것이니 성도들의 인내와 믿음
이 여기 있느니라
11 ○ 내가 보매 또 다른 짐승이 땅에
서 올라오니 어린 양 같이 두 뿔이
있고 용처럼 말을 하더라
12 그가 먼저 나온 짐승의 모든 권세
를 그 앞에서 행하고 땅과 땅에 사

5】
6】
7】
8】
9】
10】
11】
12】

는 자들을 처음 짐승에게 경배하
게 하니 곧 죽게 되었던 상처가 나
은 자니라
13 큰 이적을 행하되 심지어 사람들
앞에서 불이 하늘로부터 땅에 내
려오게 하고
14 짐승 앞에서 받은 바 이적을 행함
으로 땅에 거하는 자들을 미혹하
며 땅에 거하는 자들에게 이르기
를 칼에 상하였다가 살아난 짐승
을 위하여 우상을 만들라 하더라
15 그가 권세를 받아 그 짐승의 우상
에게 생기를 주어 그 짐승의 우상
으로 말하게 하고 또 짐승의 우상
에게 경배하지 아니하는 자는 몇
이든지 다 죽이게 하더라
16 그가 모든 자 곧 작은 자나 큰 자
나 부자나 가난한 자나 자유인이
나 종들에게 그 오른손에나 이마
에 표를 받게 하고
17 누구든지 이 표를 가진 자 외에는
매매를 못하게 하니 이 표는 곧 짐
승의 이름이나 그 이름의 수라
18 지혜가 여기 있으니 총명한 자는
그 짐승의 수를 세어 보라 그것은
사람의 수니 그의 수는 육백육십
육이니라

13】

14】

15】

16】

17】

18】

십사만 사천 명이 부르는 노래

14 1 또 내가 보니 보라 어린 양이
시온 산에 섰고 그와 함께 십
사만 사천이 서 있는데 그들의 이
마에는 어린 양의 이름과 그 아버
지의 이름을 쓴 것이 있더라
2 내가 하늘에서 나는 소리를 들으
니 많은 물 소리와도 같고 큰 우렛
소리와도 같은데 내가 들은 소리
는 거문고 타는 자들이 그 거문고
를 타는 것 같더라
3 그들이 보좌 앞과 네 생물과 장로
들 앞에서 새 노래를 부르니 땅에
서 속량함을 받은 십사만 사천 밖
에는 능히 이 노래를 배울 자가
없더라
4 이 사람들은 여자와 더불어 더럽
히지 아니하고 순결한 자라 어린
양이 어디로 인도하든지 따라가
는 자며 사람 가운데에서 속량함
을 받아 처음 익은 열매로 하나님
과 어린 양에게 속한 자들이니
5 그 입에 거짓말이 없고 흠이 없는
자들이더라

세 천사가 전하는 말

6 ○ 또 보니 다른 천사가 공중에 날
아가는데 땅에 거주하는 자들 곧

1】

2】

3】

4】

5】

6】

모든 민족과 종족과 방언과 백성에
게 전할 영원한 복음을 가졌더라
7 그가 큰 음성으로 이르되 하나님
을 두려워하며 그에게 영광을 돌
리라 이는 그의 심판의 시간이 이
르렀음이니 하늘과 땅과 바다와
물들의 근원을 만드신 이를 경배
하라 하더라
8 ○ 또 다른 천사 곧 둘째가 그 뒤
를 따라 말하되 무너졌도다 무너
졌도다 큰 성 바벨론이여 모든 나
라에게 그의 음행으로 말미암아
진노의 포도주를 먹이던 자로다
하더라
9 ○ 또 다른 천사 곧 셋째가 그 뒤를
따라 큰 음성으로 이르되 만일 누
구든지 짐승과 그의 우상에게 경배
하고 이마에나 손에 표를 받으면
10 그도 하나님의 진노의 포도주를
마시리니 그 진노의 잔에 섞인 것
이 없이 부은 포도주라 거룩한 천
사들 앞과 어린 양 앞에서 불과 유
황으로 고난을 받으리니
11 그 고난의 연기가 세세토록 올라
가리로다 짐승과 그의 우상에게
경배하고 그의 이름 표를 받는 자
는 누구든지 밤낮 쉼을 얻지 못하

7】

8】

9】

10】

11】

리라 하더라
12 성도들의 인내가 여기 있나니 그
들은 하나님의 계명과 예수에 대
한 믿음을 지키는 자니라
13 ○ 또 내가 들으니 하늘에서 음성
이 나서 이르되 기록하라 지금 이
후로 주 안에서 죽는 자들은 복
이 있도다 하시매 성령이 이르시
되 그러하다 그들이 수고를 그치
고 쉬리니 이는 그들의 행한 일이
따름이라 하시더라

마지막 수확

14 ○ 또 내가 보니 흰 구름이 있고 구
름 위에 인자와 같은 이가 앉으셨는
데 그 머리에는 금 면류관이 있고
그 손에는 예리한 낫을 가졌더라
15 또 다른 천사가 성전으로부터 나와
구름 위에 앉은 이를 향하여 큰 음
성으로 외쳐 이르되 당신의 낫을
휘둘러 거두소서 땅의 곡식이 다
익어 거둘 때가 이르렀음이니이다
하니
16 구름 위에 앉으신 이가 낫을 땅
에 휘두르매 땅의 곡식이 거두어
지니라

마지막 재난을 가지고 온 천사

17 ○ 또 다른 천사가 하늘에 있는 성

12】

13】

14】

15】

16】

17】

전에서 나오는데 역시 예리한 낫
을 가졌더라
18 또 불을 다스리는 다른 천사가 제
단으로부터 나와 예리한 낫 가진
자를 향하여 큰 음성으로 불러 이
르되 네 예리한 낫을 휘둘러 땅의
포도송이를 거두라 그 포도가 익
었느니라 하더라
19 천사가 낫을 땅에 휘둘러 땅의 포
도를 거두어 하나님의 진노의 큰
포도주 틀에 던지매
20 성 밖에서 그 틀이 밟히니 틀에서
피가 나서 말 굴레에까지 닿았고
천육백 스다디온에 퍼졌더라

18】

19】

20】

15

1 또 하늘에 크고 이상한 다른 이
적을 보매 일곱 천사가 일곱 재
앙을 가졌으니 곧 마지막 재앙이
라 하나님의 진노가 이것으로 마
치리로다
2 ○ 또 내가 보니 불이 섞인 유리
바다 같은 것이 있고 짐승과 그의
우상과 그의 이름의 수를 이기고
벗어난 자들이 유리 바다 가에 서
서 하나님의 거문고를 가지고
3 하나님의 종 모세의 노래, 어린 양
의 노래를 불러 이르되 주 하나님

1】

2】

3】

곧 전능하신 이시여 하시는 일이
크고 놀라우시도다 만국의 왕이시
여 주의 길이 의롭고 참되시도다
4 주여 누가 주의 이름을 두려워하
지 아니하며 영화롭게 하지 아니
하오리이까 오직 주만 거룩하시
니이다 주의 의로우신 일이 나타
났으매 만국이 와서 주께 경배하
리이다 하더라
5 ○ 또 이 일 후에 내가 보니 하늘
에 증거 장막의 성전이 열리며
6 일곱 재앙을 가진 일곱 천사가 성
전으로부터 나와 맑고 빛난 세마
포 옷을 입고 가슴에 금 띠를 띠고
7 네 생물 중의 하나가 영원토록 살
아 계신 하나님의 진노를 가득히
담은 금 대접 일곱을 그 일곱 천사
들에게 주니
8 하나님의 영광과 능력으로 말미암
아 성전에 연기가 가득 차매 일곱
천사의 일곱 재앙이 마치기까지는
성전에 능히 들어갈 자가 없더라

4】

5】

6】

7】

8】

진노의 일곱 대접

16

1 또 내가 들으니 성전에서 큰 음
성이 나서 일곱 천사에게 말하
되 너희는 가서 하나님의 진노의

1】

일곱 대접을 땅에 쏟으라 하더라
2 ○ 첫째 천사가 가서 그 대접을 땅
에 쏟으매 짐승의 표를 받은 사람
들과 그 우상에게 경배하는 자들
에게 악하고 독한 종기가 나더라
3 ○ 둘째 천사가 그 대접을 바다에
쏟으매 바다가 곧 죽은 자의 피 같
이 되니 바다 가운데 모든 생물이
죽더라
4 ○ 셋째 천사가 그 대접을 강과 물
근원에 쏟으매 피가 되더라
5 내가 들으니 물을 차지한 천사가
이르되 전에도 계셨고 지금도 계
신 거룩하신 이여 이렇게 심판하
시니 의로우시도다
6 그들이 성도들과 선지자들의 피를
흘렸으므로 그들에게 피를 마시게
하신 것이 합당하니이다 하더라
7 또 내가 들으니 제단이 말하기를
그러하다 주 하나님 곧 전능하신
이시여 심판하시는 것이 참되시
고 의로우시도다 하더라
8 ○ 넷째 천사가 그 대접을 해에 쏟
으매 해가 권세를 받아 불로 사람
들을 태우니
9 사람들이 크게 태움에 태워진지
라 이 재앙들을 행하는 권세를 가

2】

3】

4】

5】

6】

7】

8】

9】

지신 하나님의 이름을 비방하며
또 회개하지 아니하고 주께 영광
을 돌리지 아니하더라
10 ○ 또 다섯째 천사가 그 대접을 짐
승의 왕좌에 쏟으니 그 나라가 곧
어두워지며 사람들이 아파서 자
기 혀를 깨물고
11 아픈 것과 종기로 말미암아 하늘
의 하나님을 비방하고 그들의 행
위를 회개하지 아니하더라
12 ○ 또 여섯째 천사가 그 대접을 큰
강 유브라데에 쏟으매 강물이 말
라서 동방에서 오는 왕들의 길이
예비되었더라
13 또 내가 보매 개구리 같은 세 더
러운 영이 용의 입과 짐승의 입과
거짓 선지자의 입에서 나오니
14 그들은 귀신의 영이라 이적을 행
하여 온 천하 왕들에게 가서 하나
님 곧 전능하신 이의 큰 날에 있을
전쟁을 위하여 그들을 모으더라
15 보라 내가 도둑 같이 오리니 누구
든지 깨어 자기 옷을 지켜 벌거벗
고 다니지 아니하며 자기의 부끄
러움을 보이지 아니하는 자는 복
이 있도다
16 세 영이 히브리어로 아마겟돈이

10】

11】

12】

13】

14】

15】

16】

라 하는 곳으로 왕들을 모으더라
17 ○ 일곱째 천사가 그 대접을 공중에
쏟으매 큰 음성이 성전에서 보좌로
부터 나서 이르되 되었다 하시니
18 번개와 음성들과 우렛소리가 있
고 또 큰 지진이 있어 얼마나 큰
지 사람이 땅에 있어 온 이래로 이
같이 큰 지진이 없었더라
19 큰 성이 세 갈래로 갈라지고 만국
의 성들도 무너지니 큰 성 바벨론
이 하나님 앞에 기억하신 바 되어
그의 맹렬한 진노의 포도주 잔을
받으매
20 각 섬도 없어지고 산악도 간 데
없더라
21 또 무게가 한 달란트나 되는 큰 우
박이 하늘로부터 사람들에게 내
리매 사람들이 그 우박의 재앙 때
문에 하나님을 비방하니 그 재앙
이 심히 큼이러라

17】
18】
19】
20】
21】

큰 음녀에게 내릴 심판

17 1 또 일곱 대접을 가진 일곱 천사
중 하나가 와서 내게 말하여 이
르되 이리로 오라 많은 물 위에 앉
은 큰 음녀가 받을 심판을 네게 보
이리라

1】

2 땅의 임금들도 그와 더불어 음행
하였고 땅에 사는 자들도 그 음행
의 포도주에 취하였다 하고
3 곧 성령으로 나를 데리고 광야로
가니라 내가 보니 여자가 붉은 빛
짐승을 탔는데 그 짐승의 몸에 하
나님을 모독하는 이름들이 가득
하고 일곱 머리와 열 뿔이 있으며
4 그 여자는 자주 빛과 붉은 빛 옷
을 입고 금과 보석과 진주로 꾸미
고 손에 금 잔을 가졌는데 가증한
물건과 그의 음행의 더러운 것들
이 가득하더라
5 그의 이마에 이름이 기록되었으
니 비밀이라, 큰 바벨론이라, 땅
의 음녀들과 가증한 것들의 어미
라 하였더라
6 또 내가 보매 이 여자가 성도들의
피와 예수의 증인들의 피에 취한
지라 내가 그 여자를 보고 놀랍게
여기고 크게 놀랍게 여기니
7 천사가 이르되 왜 놀랍게 여기느
냐 내가 여자와 그가 탄 일곱 머
리와 열 뿔 가진 짐승의 비밀을 네
게 이르리라
8 네가 본 짐승은 전에 있었다가 지
금은 없으나 장차 무저갱으로부

2】

3】

4】

5】

6】

7】

8】

터 올라와 멸망으로 들어갈 자니
땅에 사는 자들로서 창세 이후로
그 이름이 생명책에 기록되지 못
한 자들이 이전에 있었다가 지금
은 없으나 장차 나올 짐승을 보고
놀랍게 여기리라
9 지혜 있는 뜻이 여기 있으니 그 9】
일곱 머리는 여자가 앉은 일곱 산
이요
10 또 일곱 왕이라 다섯은 망하였고 10】
하나는 있고 다른 하나는 아직 이
르지 아니하였으나 이르면 반드
시 잠시 동안 머무르리라
11 전에 있었다가 지금 없어진 짐승 11】
은 여덟째 왕이니 일곱 중에 속한
자라 그가 멸망으로 들어가리라
12 네가 보던 열 뿔은 열 왕이니 아직 12】
나라를 얻지 못하였으나 다만 짐
승과 더불어 임금처럼 한동안 권
세를 받으리라
13 그들이 한 뜻을 가지고 자기의 능 13】
력과 권세를 짐승에게 주더라
14 그들이 어린 양과 더불어 싸우려 14】
니와 어린 양은 만주의 주시요 만
왕의 왕이시므로 그들을 이기실
터이요 또 그와 함께 있는 자들
곧 부르심을 받고 택하심을 받은

진실한 자들도 이기리로다
15 또 천사가 내게 말하되 네가 본 바
음녀가 앉아 있는 물은 백성과 무
리와 열국과 방언들이니라
16 네가 본 바 이 열 뿔과 짐승은 음
녀를 미워하여 망하게 하고 벌거
벗게 하고 그의 살을 먹고 불로 아
주 사르리라
17 이는 하나님이 자기 뜻대로 할 마
음을 그들에게 주사 한 뜻을 이루
게 하시고 그들의 나라를 그 짐승
에게 주게 하시되 하나님의 말씀
이 응하기까지 하심이라
18 또 네가 본 그 여자는 땅의 왕들을
다스리는 큰 성이라 하더라

15】

16】

17】

18】

바벨론의 패망

18
1 이 일 후에 다른 천사가 하늘에
서 내려 오는 것을 보니 큰 권
세를 가졌는데 그의 영광으로 땅
이 환하여지더라
2 힘찬 음성으로 외쳐 이르되 무너졌
도다 무너졌도다 큰 성 바벨론이여
귀신의 처소와 각종 더러운 영이
모이는 곳과 각종 더럽고 가증한
새들이 모이는 곳이 되었도다
3 그 음행의 진노의 포도주로 말미

1】

2】

3】

암아 만국이 무너졌으며 또 땅의
왕들이 그와 더불어 음행하였으
며 땅의 상인들도 그 사치의 세력
으로 치부하였도다 하더라
4 ○ 또 내가 들으니 하늘로부터 다른
음성이 나서 이르되 내 백성아, 거
기서 나와 그의 죄에 참여하지 말
고 그가 받을 재앙들을 받지 말라
5 그의 죄는 하늘에 사무쳤으며 하
나님은 그의 불의한 일을 기억하
신지라
6 그가 준 그대로 그에게 주고 그의
행위대로 갑절을 갚아 주고 그가
섞은 잔에도 갑절이나 섞어 그에
게 주라
7 그가 얼마나 자기를 영화롭게 하
였으며 사치하였든지 그만큼 고통
과 애통함으로 갚아 주라 그가 마
음에 말하기를 나는 여왕으로 앉
은 자요 과부가 아니라 결단코 애
통함을 당하지 아니하리라 하니
8 그러므로 하루 동안에 그 재앙들
이 이르리니 곧 사망과 애통함과
흉년이라 그가 또한 불에 살라지
리니 그를 심판하시는 주 하나님
은 강하신 자이심이라
9 그와 함께 음행하고 사치하던 땅

4】

5】

6】

7】

8】

9】

의 왕들이 그가 불타는 연기를 보
고 위하여 울고 가슴을 치며
10 그의 고통을 무서워하여 멀리 서
서 이르되 화 있도다 화 있도다 큰
성, 견고한 성 바벨론이여 한 시간
에 네 심판이 이르렀다 하리로다
11 땅의 상인들이 그를 위하여 울고
애통하는 것은 다시 그들의 상품
을 사는 자가 없음이라
12 그 상품은 금과 은과 보석과 진주
와 세마포와 자주 옷감과 비단과
붉은 옷감이요 각종 향목과 각종
상아 그릇이요 값진 나무와 구리
와 철과 대리석으로 만든 각종 그
릇이요
13 계피와 향료와 향과 향유와 유향
과 포도주와 감람유와 고운 밀가
루와 밀이요 소와 양과 말과 수레
와 종들과 사람의 영혼들이라
14 바벨론아 네 영혼이 탐하던 과일
이 네게서 떠났으며 맛있는 것들
과 빛난 것들이 다 없어졌으니 사
람들이 결코 이것들을 다시 보지
못하리로다
15 바벨론으로 말미암아 치부한 이 상
품의 상인들이 그의 고통을 무서워
하여 멀리 서서 울고 애통하여

10】

11】

12】

13】

14】

15】

16 이르되 화 있도다 화 있도다 큰 성
이여 세마포 옷과 자주 옷과 붉은
옷을 입고 금과 보석과 진주로 꾸
민 것인데
17 그러한 부가 한 시간에 망하였도
다 모든 선장과 각처를 다니는 선
객들과 선원들과 바다에서 일하
는 자들이 멀리 서서
18 그가 불타는 연기를 보고 외쳐 이
르되 이 큰 성과 같은 성이 어디
있느냐 하며
19 티끌을 자기 머리에 뿌리고 울며
애통하여 외쳐 이르되 화 있도다
화 있도다 이 큰 성이여 바다에서
배 부리는 모든 자들이 너의 보배
로운 상품으로 치부하였더니 한
시간에 망하였도다
20 하늘과 성도들과 사도들과 선지
자들아, 그로 말미암아 즐거워하
라 하나님이 너희를 위하여 그에
게 심판을 행하셨음이라 하더라
21 ○ 이에 한 힘 센 천사가 큰 맷돌
같은 돌을 들어 바다에 던져 이르
되 큰 성 바벨론이 이같이 비참하
게 던져져 결코 다시 보이지 아니
하리로다
22 또 거문고 타는 자와 풍류하는 자

16】

17】

18】

19】

20】

21】

22】

와 통소 부는 자와 나팔 부는 자
들의 소리가 결코 다시 네 안에서
들리지 아니하고 어떠한 세공업
자든지 결코 다시 네 안에서 보이
지 아니하고 또 맷돌 소리가 결코
다시 네 안에서 들리지 아니하고
23 등불 빛이 결코 다시 네 안에서 비
치지 아니하고 신랑과 신부의 음
성이 결코 다시 네 안에서 들리지
아니하리로다 너의 상인들은 땅
의 왕족들이라 네 복술로 말미암
아 만국이 미혹되었도다
24 선지자들과 성도들과 및 땅 위에
서 죽임을 당한 모든 자의 피가
그 성 중에서 발견되었느니라 하
더라

23】

24】

어린 양의 혼인 잔치

19

1 이 일 후에 내가 들으니 하늘에
허다한 무리의 큰 음성 같은 것
이 있어 이르되 할렐루야 구원과
영광과 능력이 우리 하나님께 있
도다
2 그의 심판은 참되고 의로운지라
음행으로 땅을 더럽게 한 큰 음녀
를 심판하사 자기 종들의 피를 그
음녀의 손에 갚으셨도다 하고

1】

2】

3 두 번째로 할렐루야 하니 그 연기
가 세세토록 올라가더라
4 또 이십사 장로와 네 생물이 엎드
려 보좌에 앉으신 하나님께 경배
하여 이르되 아멘 할렐루야 하니
5 보좌에서 음성이 나서 이르시되
하나님의 종들 곧 그를 경외하는
너희들아 작은 자나 큰 자나 다 우
리 하나님께 찬송하라 하더라
6 또 내가 들으니 허다한 무리의
음성과도 같고 많은 물 소리와도
같고 큰 우렛소리와도 같은 소리
로 이르되 할렐루야 주 우리 하
나님 곧 전능하신 이가 통치하시
도다
7 우리가 즐거워하고 크게 기뻐하
며 그에게 영광을 돌리세 어린 양
의 혼인 기약이 이르렀고 그의 아
내가 자신을 준비하였으므로
8 그에게 빛나고 깨끗한 세마포 옷
을 입도록 허락하셨으니 이 세마
포 옷은 성도들의 옳은 행실이로
다 하더라
9 천사가 내게 말하기를 기록하라
어린 양의 혼인 잔치에 청함을 받
은 자들은 복이 있도다 하고 또 내
게 말하되 이것은 하나님의 참되

3)

4)

5)

6)

7)

8)

9)

신 말씀이라 하기로
10 내가 그 발 앞에 엎드려 경배하려
하니 그가 나에게 말하기를 나는
너와 및 예수의 증언을 받은 네 형
제들과 같이 된 종이니 삼가 그리
하지 말고 오직 하나님께 경배하
라 예수의 증언은 예언의 영이라
하더라

백마를 탄 자
11 ○또 내가 하늘이 열린 것을 보니
보라 백마와 그것을 탄 자가 있으
니 그 이름은 충신과 진실이라 그
가 공의로 심판하며 싸우더라
12 그 눈은 불꽃 같고 그 머리에는 많
은 관들이 있고 또 이름 쓴 것 하
나가 있으니 자기밖에 아는 자가
없고
13 또 그가 피 뿌린 옷을 입었는데
그 이름은 하나님의 말씀이라 칭
하더라
14 하늘에 있는 군대들이 희고 깨끗
한 세마포 옷을 입고 백마를 타고
그를 따르더라
15 그의 입에서 예리한 검이 나오니
그것으로 만국을 치겠고 친히 그
들을 철장으로 다스리며 또 친히
하나님 곧 전능하신 이의 맹렬한

10】

11】

12】

13】

14】

15】

진노의 포도주 틀을 밟겠고
16 그 옷과 그 다리에 이름을 쓴 것이
있으니 만왕의 왕이요 만주의 주
라 하였더라
17 ○ 또 내가 보니 한 천사가 태양
안에 서서 공중에 나는 모든 새를
향하여 큰 음성으로 외쳐 이르되
와서 하나님의 큰 잔치에 모여
18 왕들의 살과 장군들의 살과 장사
들의 살과 말들과 그것을 탄 자들
의 살과 자유인들이나 종들이나
작은 자나 큰 자나 모든 자의 살
을 먹으라 하더라
19 ○ 또 내가 보매 그 짐승과 땅의
임금들과 그들의 군대들이 모여
그 말 탄 자와 그의 군대와 더불
어 전쟁을 일으키다가
20 짐승이 잡히고 그 앞에서 표적을
행하던 거짓 선지자도 함께 잡혔
으니 이는 짐승의 표를 받고 그
의 우상에게 경배하던 자들을 표
적으로 미혹하던 자라 이 둘이
산 채로 유황불 붙는 못에 던져
지고
21 그 나머지는 말 탄 자의 입으로부
터 나오는 검에 죽으매 모든 새가
그들의 살로 배불리더라

16】

17】

18】

19】

20】

21】

천 년 왕국

20 1 또 내가 보매 천사가 무저갱의
열쇠와 큰 쇠사슬을 그의 손에
가지고 하늘로부터 내려와서
2 용을 잡으니 곧 옛 뱀이요 마귀요
사탄이라 잡아서 천 년 동안 결박
하여
3 무저갱에 던져 넣어 잠그고 그 위
에 인봉하여 천 년이 차도록 다시
는 만국을 미혹하지 못하게 하였
는데 그 후에는 반드시 잠깐 놓이
리라
4 ○ 또 내가 보좌들을 보니 거기에
앉은 자들이 있어 심판하는 권세
를 받았더라 또 내가 보니 예수
를 증언함과 하나님의 말씀 때문
에 목 베임을 당한 자들의 영혼들
과 또 짐승과 그의 우상에게 경배
하지 아니하고 그들의 이마와 손
에 그의 표를 받지 아니한 자들이
살아서 그리스도와 더불어 천 년
동안 왕 노릇 하니
5 (그 나머지 죽은 자들은 그 천 년
이 차기까지 살지 못하더라) 이는
첫째 부활이라
6 이 첫째 부활에 참여하는 자들은
복이 있고 거룩하도다 둘째 사망

1】

2】

3】

4】

5】

6】

이 그들을 다스리는 권세가 없고
도리어 그들이 하나님과 그리스
도의 제사장이 되어 천 년 동안 그
리스도와 더불어 왕 노릇 하리라

사탄의 패망

7 ○ 천 년이 차매 사탄이 그 옥에
서 놓여
8 나와서 땅의 사방 백성 곧 곡과 마
곡을 미혹하고 모아 싸움을 붙이리
니 그 수가 바다의 모래 같으리라
9 그들이 지면에 널리 퍼져 성도들
의 진과 사랑하시는 성을 두르매
하늘에서 불이 내려와 그들을 태
워버리고
10 또 그들을 미혹하는 마귀가 불과
유황 못에 던져지니 거기는 그 짐
승과 거짓 선지자도 있어 세세토
록 밤낮 괴로움을 받으리라

크고 흰 보좌에서 심판을 내리시다

11 ○ 또 내가 크고 흰 보좌와 그 위
에 앉으신 이를 보니 땅과 하늘이
그 앞에서 피하여 간 데 없더라
12 또 내가 보니 죽은 자들이 큰 자나
작은 자나 그 보좌 앞에 서 있는데
책들이 펴 있고 또 다른 책이 펴졌
으니 곧 생명책이라 죽은 자들이
자기 행위를 따라 책들에 기록된

7】

8】

9】

10】

11】

12】

대로 심판을 받으니
13 바다가 그 가운데에서 죽은 자들
을 내주고 또 사망과 음부도 그
가운데에서 죽은 자들을 내주매
각 사람이 자기의 행위대로 심판
을 받고
14 사망과 음부도 불못에 던져지니
이것은 둘째 사망 곧 불못이라
15 누구든지 생명책에 기록되지 못
한 자는 불못에 던져지더라

13】
14】
15】

새 하늘과 새 땅

21
1 또 내가 새 하늘과 새 땅을 보
니 처음 하늘과 처음 땅이 없어
졌고 바다도 다시 있지 않더라
2 또 내가 보매 거룩한 성 새 예루
살렘이 하나님께로부터 하늘에서
내려오니 그 준비한 것이 신부가
남편을 위하여 단장한 것 같더라
3 내가 들으니 보좌에서 큰 음성이
나서 이르되 보라 하나님의 장막
이 사람들과 함께 있으매 하나님
이 그들과 함께 계시리니 그들은
하나님의 백성이 되고 하나님은
친히 그들과 함께 계셔서
4 모든 눈물을 그 눈에서 닦아 주시
니 다시는 사망이 없고 애통하는

1】
2】
3】
4】

것이나 곡하는 것이나 아픈 것이
다시 있지 아니하리니 처음 것들
이 다 지나갔음이러라
5 보좌에 앉으신 이가 이르시되 보
라 내가 만물을 새롭게 하노라 하
시고 또 이르시되 이 말은 신실하
고 참되니 기록하라 하시고
6 또 내게 말씀하시되 이루었도다
나는 알파와 오메가요 처음과 마
지막이라 내가 생명수 샘물을 목
마른 자에게 값없이 주리니
7 이기는 자는 이것들을 상속으로
받으리라 나는 그의 하나님이 되
고 그는 내 아들이 되리라
8 그러나 두려워하는 자들과 믿지
아니하는 자들과 흉악한 자들과
살인자들과 음행하는 자들과 점
술가들과 우상 숭배자들과 거짓
말하는 모든 자들은 불과 유황으
로 타는 못에 던져지리니 이것이
둘째 사망이라

새 예루살렘

9 ○ 일곱 대접을 가지고 마지막 일
곱 재앙을 담은 일곱 천사 중 하나
가 나아와서 내게 말하여 이르되
이리 오라 내가 신부 곧 어린 양의
아내를 네게 보이리라 하고

5】

6】

7】

8】

9】

10 성령으로 나를 데리고 크고 높은
산으로 올라가 하나님께로부터
하늘에서 내려오는 거룩한 성 예
루살렘을 보이니
11 하나님의 영광이 있어 그 성의 빛
이 지극히 귀한 보석 같고 벽옥과
수정 같이 맑더라
12 크고 높은 성곽이 있고 열두 문이
있는데 문에 열두 천사가 있고 그
문들 위에 이름을 썼으니 이스라
엘 자손 열두 지파의 이름들이라
13 동쪽에 세 문, 북쪽에 세 문, 남쪽
에 세 문, 서쪽에 세 문이니
14 그 성의 성곽에는 열두 기초석이
있고 그 위에는 어린 양의 열두 사
도의 열두 이름이 있더라
15 내게 말하는 자가 그 성과 그 문들
과 성곽을 측량하려고 금 갈대 자
를 가졌더라
16 그 성은 네모가 반듯하여 길이와
너비가 같은지라 그 갈대 자로 그
성을 측량하니 만 이천 스다디온이
요 길이와 너비와 높이가 같더라
17 그 성곽을 측량하매 백사십사 규
빗이니 사람의 측량 곧 천사의 측
량이라
18 그 성곽은 벽옥으로 쌓였고 그 성

10】

11】

12】

13】

14】

15】

16】

17】

18】

은 정금인데 맑은 유리 같더라
19 그 성의 성곽의 기초석은 각색 보
석으로 꾸몄는데 첫째 기초석은
벽옥이요 둘째는 남보석이요 셋
째는 옥수요 넷째는 녹보석이요
20 다섯째는 홍마노요 여섯째는 홍
보석이요 일곱째는 황옥이요 여
덟째는 녹옥이요 아홉째는 담황
옥이요 열째는 비취옥이요 열한
째는 청옥이요 열두째는 자수정
이라
21 그 열두 문은 열두 진주니 각 문마
다 한 개의 진주로 되어 있고 성의
길은 맑은 유리 같은 정금이더라
22 성 안에서 내가 성전을 보지 못하
였으니 이는 주 하나님 곧 전능하
신 이와 및 어린 양이 그 성전이
심이라
23 그 성은 해나 달의 비침이 쓸 데 없
으니 이는 하나님의 영광이 비치
고 어린 양이 그 등불이 되심이라
24 만국이 그 빛 가운데로 다니고 땅
의 왕들이 자기 영광을 가지고 그
리로 들어가리라
25 낮에 성문들을 도무지 닫지 아니
하리니 거기에는 밤이 없음이라
26 사람들이 만국의 영광과 존귀를

19】

20】

21】

22】

23】

24】

25】

26】

가지고 그리로 들어가겠고
27 무엇이든지 속된 것이나 가증한
일 또는 거짓말하는 자는 결코 그
리로 들어가지 못하되 오직 어린
양의 생명책에 기록된 자들만 들
어가리라

27】

22 1 또 그가 수정 같이 맑은 생명수
의 강을 내게 보이니 하나님과
및 어린 양의 보좌로부터 나와서
2 길 가운데로 흐르더라 강 좌우에
생명나무가 있어 열두 가지 열매
를 맺되 달마다 그 열매를 맺고
그 나무 잎사귀들은 만국을 치료
하기 위하여 있더라
3 다시 저주가 없으며 하나님과 그
어린 양의 보좌가 그 가운데에 있
으리니 그의 종들이 그를 섬기며
4 그의 얼굴을 볼 터이요 그의 이름
도 그들의 이마에 있으리라
5 다시 밤이 없겠고 등불과 햇빛이
쓸 데 없으니 이는 주 하나님이
그들에게 비치심이라 그들이 세
세토록 왕 노릇 하리로다

1】

2】

3】

4】

5】

주 예수여 오시옵소서
6 ○ 또 그가 내게 말하기를 이 말은
신실하고 참된지라 주 곧 선지자

6】

들의 영의 하나님이 그의 종들에
게 반드시 속히 되어질 일을 보이
시려고 그의 천사를 보내셨도다
7 보라 내가 속히 오리니 이 두루마
리의 예언의 말씀을 지키는 자는
복이 있으리라 하더라
8 ○ 이것들을 보고 들은 자는 나 요
한이니 내가 듣고 볼 때에 이 일을
내게 보이던 천사의 발 앞에 경배
하려고 엎드렸더니
9 그가 내게 말하기를 나는 너와 네
형제 선지자들과 또 이 두루마리
의 말을 지키는 자들과 함께 된 종
이니 그리하지 말고 하나님께 경
배하라 하더라
10 ○ 또 내게 말하되 이 두루마리의
예언의 말씀을 인봉하지 말라 때
가 가까우니라
11 불의를 행하는 자는 그대로 불의
를 행하고 더러운 자는 그대로 더
럽고 의로운 자는 그대로 의를 행
하고 거룩한 자는 그대로 거룩하
게 하라
12 보라 내가 속히 오리니 내가 줄 상
이 내게 있어 각 사람에게 그가 행
한 대로 갚아 주리라
13 나는 알파와 오메가요 처음과 마

7】

8】

9】

10】

11】

12】

13】

지막이요 시작과 마침이라
14 자기 두루마기를 빠는 자들은 복
이 있으니 이는 그들이 생명나무
에 나아가며 문들을 통하여 성에
들어갈 권세를 받으려 함이로다
15 개들과 점술가들과 음행하는 자
들과 살인자들과 우상 숭배자들
과 및 거짓말을 좋아하며 지어내
는 자는 다 성 밖에 있으리라
16 ○ 나 예수는 교회들을 위하여 내
사자를 보내어 이것들을 너희에
게 증언하게 하였노라 나는 다윗
의 뿌리요 자손이니 곧 광명한 새
벽 별이라 하시더라
17 ○ 성령과 신부가 말씀하시기를
오라 하시는도다 듣는 자도 오라
할 것이요 목마른 자도 올 것이요
또 원하는 자는 값없이 생명수를
받으라 하시더라
18 ○ 내가 이 두루마리의 예언의 말
씀을 듣는 모든 사람에게 증언하
노니 만일 누구든지 이것들 외에
더하면 하나님이 이 두루마리에
기록된 재앙들을 그에게 더하실
것이요
19 ○ 만일 누구든지 이 두루마리의
예언의 말씀에서 제하여 버리면

14】

15】

16】

17】

18】

19】

하나님이 이 두루마리에 기록된
생명나무와 및 거룩한 성에 참여
함을 제하여 버리시리라
20 ○ 이것들을 증언하신 이가 이르시
되 내가 진실로 속히 오리라 하시
거늘 아멘 주 예수여 오시옵소서
21 ○ 주 예수의 은혜가 모든 자들에
게 있을지어다 아멘

20】

21】